하나님의 은혜에 이르는 길,

온리 갓

하나님의 은혜에 이르는 길, 온리 갓

저자 앤드류 머레이
역자 임종원

초판 1쇄 발행 2020. 10. 21.

발행처 도서출판 브니엘
발행인 권혁선

등록번호 서울 제2006-50호
등록일자 2006. 9. 11.

서울특별시 송파구 백제고분로28길 25 B101호 (05590)
마케팅부 02)421-3436
편집부 02)421-3487
팩시밀리 02)421-3438

ISBN 979-11-90308-32-8 03230

독자의견 02)421-3487
이메일 editorkhs@empal.com

북카페 주소 cafe.naver.com/penielpub.cafe

도서출판 브니엘은 독자들의 책에 관한 아이디어나 원고를 설레는 마음으로 기다리고 있습니다. 책으로 엮기를 원하는 아이디어가 있으신 분은 위의 이메일로 간단한 개요와 취지, 연락처 등을 보내주십시오. 머뭇거리지 말고 문을 두드리세요. 길이 열립니다.

도서출판 브니엘은 갓구운 빵처럼 항상 신선한 책만을 고집합니다.

하나님의 은혜에 이르는 길,
온리 갓

앤드류 머레이 지음 | 임종원 옮김

The Best collection
of Andrew Murray

| 엑스터 홀 연설 발췌문 |

나는 다름 아닌 전 세계 온갖 지역에서 당도한 선교사와 여러 사람의 편지에 적잖이 놀랐다. 남녀노소를 불문하고 굉장히 헌신된 사람들이었는데, 그들은 모두 자신의 사역을 통해 그리스도가 각 사람에게 어떤 의미인지에 관하여 좀 더 심층적이고 명료하게 가르치기를 원했다. 그런데 그들은 그 방법에 대하여 잘 알지 못하였기에, 좀 더 쉽게 설명해줄 수 있는 방법을 공공연히 나에게 부탁해왔다. 거의 대다수의 사람들이 미처 깨닫지 못하는 방식으로 자기 백성들에게 자신을 계시하시는 하나님을 알지 못하고 있었다.

우리는 각종 집회와 모임에서 오직 하나님만 바라는 일에 너무나 적은 시간과 노력을 들이고 있다. 마치 하나님이 자기 나름대로 거룩한 방식을 통하여 무슨 일을 마음껏 펼치기를 꺼리기라도 하는 것처럼 말이다. 그분의 백성들이 살아가는 삶이 하나님께서 기꺼이 행하시려는 일을 무작정 가로막을 정도로 최악의 상황으로 치닫기라도 하는 것처럼 말이다.

그러나 전혀 그렇지 않다. 그것이 아무리 복된 경험이라 할지라도 자신의 체험일랑 한쪽으로 제쳐두고, 그것이 아무리 건전하고 성경적으로 보인다고 할지라도 진리에 대한 우리의 개념일랑 한쪽으로 밀쳐두고, 그것이 아무리 절실하고 적합해 보이는 계획이라고 할지라도 자신의 계획일랑 뒤로한 채 우리는 오직 하나님만을 잠잠히 바라야 한다.

그리고 하나님이 하실 수 있는 것, 하나님이 하시려는 일을 우리에게 보여주시도록 하나님께 시간과 공간을 내드려야 한다. 하나님께는 새로운 방식과 새로운 자원이 가득하다. 하나님은 얼마든지 새로운 일을 하실 수 있으며, 지금까지 우리가 보지 못한 전대미문의 일을 언제든지 펼치실 수 있다. 어디에서든지 신비에 감춰진 일을 행하실 수 있다. 우리는 마음을 넓게 열고 하나님을 제한하지 말아야 한다. 그러면 하나님은 우리에게 위대한 일을 행하실 것이다. "주께서 강림하사 우리가 생각하지 못한 두려운 일을 행하시던 그때에 산들이 주 앞에서 진동하였사오니"(사 64:3).

1895년 5월 31일

앤드류 머레이

| 들어가면서 |

지난 해 영국으로 여행하려고 집을 떠나기 전, 개인적이든 공적이든 간에 모든 신앙영역에서 우리에게 하나님이 얼마나 더 필요한지에 관한 생각으로 강한 끌림을 받은 적이 있다. 예배 중에 더욱 하나님을 바라도록 성도들을 훈련할 필요가 있으며, 하나님의 임재에 관하여, 하나님과 훨씬 더 직접적으로 교제하는 것에 관하여, 하나님을 전적으로 의지하는 것에 관하여, 그리고 우리 사역의 명확한 목표에 관하여 소양을 키울 필요가 있다고 느꼈다.

엑스터 홀에서 거행된 환영 조찬에서 우리가 진행하고 있는 모든 신앙활동과 관련하여 이와 같은 생각을 간략히 표명하였다. 내가 그와 같은 소회를 밝혔을 때 사람들이 보인 반응에

상당히 놀랐다. 하나님의 성령은 수많은 사람들의 심령에 동일한 열망으로 일하고 계심을 보았기 때문이다.

개인적이고 공적인 측면에서 모두 지난해에 맛보았던 여러 가지 경험은 그런 확신을 굉장히 심화시켜주었다. 마치 나 자신이 하나님에 관한 가장 심오한 진리를 이제야 겨우 바라보기 시작하는 것처럼, 이렇게 오직 하나님만 바라는 데서는 우리가 하나님과 맺은 관계가 중심적인 위치를 차지하고 있다고 느꼈다. 또한 우리가 일상생활에서 아무리 작고 사소한 일을 감당하고 있을지라도 우리는 항상 그와 같은 생각에 사로잡혀 있게 된다고 느꼈다.

앞으로 이 책에서 소개할 내용은 하나님의 모든 백성이 충분히 주의를 기울일 필요가 있는 것들에 관하여 치유책을 제시하고 싶다는 내 확신과 바람이 빚어낸 소산물이다. 이 글의 절반 이상은 배를 타고 여행하는 기간에 썼기 때문에 다소 조잡하고 거친 데가 있지 않을까 염려된다. 이 글을 다시 살펴보면서 새롭게 쓸 수 있으면 좋겠다고 느끼기도 했다. 그러나 이제는 도저히 그렇게 할 수 없는 형편이다. 그러니 연약한 자를 즐겨 사용하시는 하나님이 이 글을 축복해주시기를 바라는 마음으로 기도하면서 이 원고를 세상에 내보낸다.

우리가 배워야 하는 중요한 것이라고 생각하는 이야기를 몇 마디 덧붙이는 게 좋을지 모르겠다. 그러나 지금 내가 여기서 말하고 싶은 건 바로 이것이다. 곧 우리 신앙에서 심각하게 부족한 점은 우리가 하나님을 제대로 모른다는 사실이다. 연약함과 실패를 둘러싼 각종 불평에 대한 해답은 당연히 매우 간단할 수밖에 없다. 거기서 가장 중요한 문제는 "당신은 지금 하나님을 소유하고 있는가?"이다. 만약 당신이 진정으로 하나님을 믿는다면 결국 하나님은 모든 것을 제자리에 놓아두실 것이다. 하나님은 성령을 통하여 기꺼이 그렇게 하실 것이며, 충분히 그렇게 하실 수 있다.

당신은 자신에게 가장 낮은 수준의 선을 기대하거나 사람 안에 존재하는 어떤 것으로부터 가장 적은 도움을 바라지 않도록 주의해야 한다. 오히려 당신 안에서 일하고 계시는 하나님께 스스럼없이 당신을 내맡겨야 한다. 하나님이 당신을 위하여 모든 일을 행하실 수 있도록 말이다.

이것이 얼마나 간단해 보이는가! 그러나 이것은 우리가 그다지 잘 알지 못하고 있는 복음이다. 그럼에도 나는 이처럼 결점투성이 묵상 글을 내보낸다는 사실이 부끄러워진다. 이 글을 오직 우리 형제자매들과 하나님의 사랑에 내맡길 뿐이다.

"하나님이여, 이 글을 사용하셔서 우리 모두를 하나님께로 인도하시고, 잠잠히 오직 하나님만을 바라는 복된 기술을 훈련하고 경험하는 법을 배우게 하소서."

하나님은 우리가 단지 어떤 상상력이나 노력을 통하여 영위하는 삶이 아니라 성령의 권능을 따라서 살아가는 삶에 전적으로 헌신하기를 원하신다. 그리고 하나님을 바라는 것이 우리 삶에 어떤 영향을 미칠지에 대하여 나름대로 올바른 개념을 간직하기 바라신다.

분명히 내가 지금까지 만난 적이 없는 사람들을 책을 통해 만나는 특권을 누리게 했던 하나님의 모든 사람에게 그리스도 안에서 안부를 전하면서, 나 자신과 여러 형제자매와 하나님의 종들에게 이 글을 드린다.

글쓴이 앤드류 머레이

C•O•N•T•E•N•T•S

차 례

| Part 4 | 우리는 왜 하나님만 바라야 하는가?

| Part 5 | 하나님께 어떤 태도로 나아가야 하나?

P·A·R·T·1

은혜를 주시는 하나님은 어떤 분이신가?

01
Waiting on God _ Part 1

구원을 주시는 신실하신 분이다

나의 영혼이 잠잠히 하나님만 바람이여 나의 구원이 그에게서 나오는도다. 나의 영혼아 잠잠히 하나님만 바라라. 무릇 나의 소망이 그로부터 나오는도다. 시편 62:1,5.

우리의 구원은 하나님에게서 나올 뿐만 아니라 전적으로 하나님의 일이다. 그렇다면 다른 모든 피조물과 마찬가지로 우리에게 가장 우선적이고 고상한 의무는 하나님이 기뻐하시는 일을 행하기 위하여 오직 하나님만을 바라는 것이 아니겠는가? 그러므로 잠잠히 하나님만을 바라는 것이야말로 하나님을 우리 구원의 하나님으로서 알기 위한 참된 방식이며, 온전한 구원에 이르는 유일한 길이다.

완전한 구원을 받지 못하도록 우리 자신을 억누름으로써 우리에게 닥쳐오는 온갖 어려움은 단지 이 한 가지 사실에 그 원인을 두고 있다. 곧 오직 하나님만을 바라는 것에 관한 불완전한 지식과 훈련이다. 이 세상에 하나님의 전능하신 손길을 드러내기 위하여 교회와 그 구성원에게 필요한 모든 것은 우리 각자가 저마다 제자리로 돌아가는 것, 창조와 구속에서 각각 우리에게 마땅한 제자리로 돌아가는 것, 하나님을 절대적으로 끊임없이 의존하는 자리로 돌아가는 것이다.

그러므로 우리는 이처럼 가장 복되고 절실한 오직 하나님만을 바라는 일에 필요한 요소가 무엇인지 열심히 살펴보아야 한다. 그러면 그 은혜가 왜 그토록 적게 추구되는지에 관한 이유를 파악할 수 있을 것이다. 그뿐만이 아니라 교회가 무슨 대가를 치르더라도 이 복된 비밀을 가르치는 것이 얼마나 놀랍고도 매력적인 일인지 발견하도록 도와줄 것이다.

이처럼 오직 하나님만을 바라는 일이 너무나 절실하게 필요하다는 사실은 사람의 본성과 하나님의 본성에서도 동일하게 찾아볼 수 있다. 창조주 하나님은 사람을 만들고 빚으시는 과정에서 얼마든지 그분의 권능과 선하심을 보여주실 수 있었다. 그러나 인간은 스스로 자기 안에 생명이나 능력이나 행복을 위한 기초를 세울 수 없었다. 영원토록 살아계시며 오직 살아계신 분만이 매 순간 인간에게 필요한 모든 것을 주실 수 있었다.

인간의 영광과 축복은 하나님과 무관하게 독자적으로 이루어지거나 자기 자신을 의존하는 것이 아니었다. 오직 무한한 사랑을 주시는 하나님께 의존하는 것이었다. 인간은 매 순간 하나님의 충만하심으로부터 오는 기쁨을 받아 누릴 수밖에 없었다. 바로 이 기쁨이야말로 피조물로서 인간이 누리는 축복이었다.

그러나 인간이 하나님을 배반하고 타락했을 때 인간은 훨씬 더 절대적으로 하나님을 의존할 수밖에 없게 되었다. 오직 하나님 안에서 하나님의 권능과 긍휼하심이 없다면 죽을 수밖에 없는 절망적인 상태에서 회복될 가망성이 조금도 없었다. 왜냐하면 구속의 일을 시작하신 분은 하나님이시며, 모든 성도 안에서 매 순간 구속의 일을 수행하시는 분도 오직 하나님뿐이기 때문이다.

심지어 중생한 사람도 원래 그 자신에게는 아무런 선한 능력이 존재하지 않았다. 매 순간 하나님께 받지 않는다면 그 사람은 아무것도 소유하지 못하며 소유할 수도 없었다. 그러나 하나님의 한없는 자비와 긍휼하심으로 우리는 그리스도를 통하여 구원을 얻을 수 있게 되었다. 그러므로 오직 하나님만을 바라는 일은 결코 게을리할 수 없는 일이며, 우리의 생명을 유지시키는 호흡과 마찬가지로 끊임없이 지속되어야 하는, 절대로 중단되어서는 안 되는 일이다.

그러나 우리는 하나님을 의지해야 할 절대적인 필요성과 지속적으로 하나님만을 바라는 놀라운 축복을 제대로 인식하지 못하고 있다. 그것은 자기의 절대적인 결핍과 무기력함에 대하여 하나님께 간절히 매달려야 한다는 사실을 모르기 때문이다. 그러나 일단 우리가 성령님을 통하여 일하시는 하나님을 매 순간 받아들여야 한다는 사실을 깨닫게 된다면 오직 하나님만을 바라는 것은 우리에게 가장 찬란한 소망과 기쁨으로 자리 잡게 될 것이다.

하나님으로서, 무한하신 사랑으로서 하나님은 우리에게 자신의 본성을 가능한 한 충만하게 나눠주기를 기뻐하신다. 그리고 매 순간 각 사람에게 생명과 능력을 지속적으로 부어주시는 책임을 감당하기 위하여 지치지도, 주무시지도 않는다.

만약 우리가 이런 하나님을 믿고 이해한다면 우리는 온종일 두 손을 벌리고 기다리시는 하나님에 대하여 생각하지 않고서는 견딜 수가 없을 것이다. 하나님은 우리에게 끊임없이 복을 나눠주려고 하신다. 우리는 단지 하나님을 끊임없이 앙망하면서 받아 누리기만 하면 된다. 이것이 바로 우리가 추구해야 할 가장 복된 삶이다!

"나의 영혼이 잠잠히 하나님만 바람이여 나의 구원이 그에게서 나오는도다. 나의 영혼아 잠잠히 하나님만 바라라. 무릇 나의 소망이 그로부터 나오는도다"(시 62:1,5). 그러므로 먼저 우리는 구원을 위하여 하나님을 간절히 기다려야 한다. 그러면 그 구원이 우리를 하나님께로 인도하여 우리로 하여금 하나님을 앙망하도록 가르쳐준다는 사실을 깨닫게 될 것이다. 그런 다음에는 무엇이 더 좋은 것인지, 곧 오직 하나님만을 바라는 일 그 자체가 최고의 구원임을 깨닫게 할 것이다. 그것은 모든 존재가 하나님께 영광을 돌리는 것이다. 그것은 하나님이 우리에게 전부가 되심을 경험하는 일이다. "하나님이여, 우리에게 오직 하나님만을 바라는 축복을 가르쳐주소서!"

02 Waiting on God _ Part 1

우리 삶의 원리가 되는 능력이시다

여호와여 나는 주의 구원을 기다리나이다. 창세기 49:18.

야곱이 자기 아들들의 미래와 관련하여 예언하는 중에 어떤 의미로 이런 말을 내뱉었는지 정확히 말하기란 그리 쉽지 않다. 그러나 이 말씀은 야곱 자신과 자식들을 향한 야곱의 기대감이 오직 하나님으로부터 비롯되었음을 정확히 가리키고 있다. 야곱이 기다렸던 것은 바로 하나님의 구원, 즉 하나님이 약속하셨으며 오직 하나님만이 행하실 수 있는 구원이었다. 야곱은 자신과 아들들이 하나님의 보호 아래 있다는 사실을 너무나도 잘 알고 있었다. 영존하시는 여호와 하나님은 무엇이 그분의 구원하시는 능력인지, 그 능력으로 무엇을 행하시는지를 야곱의 가족들에게 명확히 보여주셨다.

이 말씀은 아직도 끝나지 않은 그토록 놀라운 구속사를, 그것이 이끌어가고 있는 영원토록 영광스러운 미래를 전향적으로 가리키고 있다. 이 말씀은 왜 하나님의 구원 외에는 다른 구원이 없는지, 그리고 오직 하나님만을 바라는 것이 개인적인 경험이든, 아니면 좀 더 폭넓은 범위에서든지 간에 왜 우리에게 가장 중요한 첫 번째 사명이자 참된 축복인지를 제시하고 있다.

그러므로 우리는 하나님이 우리를 위하여 그리스도 안에서 성취하셨으며, 이제는 성령님을 통하여 우리 안에서 애쓰실 뿐만 아니라 완성하려고 작정하고 계시는, 감히 우리가 상상하기조차 힘든 영광스러운 구원과 더불어 자신에 대해서도 곰곰이 생각해봐야 한다. 매 순간 이처럼 위대한 구원에 참여하는 것은 모두 하나님의 일이라는 사실을 확실히 깨달을 때까지 결코 멈추지 말고 계속해서 묵상해야 한다.

하나님은 누구에게나 비와 바람과 햇빛과 같은 자연의 섭리를 허락하신다. 마찬가지로 하나님은 그분의 은혜와 축복, 능력과 선하심을 다른 어떤 외적인 조건과 상관없이 우리에게 쏟아부어주신다. 우리는 단지 그것을 받아 누리기만 하면 된다. 하나님이 그것을 위하여 직접 끊임없이 일하실 때 말이다.

그런데 하나님이 더욱 효과적이고 지속적으로 그렇게 일하시지 않는 단 한 가지 이유는 우리가 하나님께 그렇게 일하시도록 기꺼이 자신을 내드리지 않기 때문이다. 우리가 무관심이나 자기 주도적인 노력을 통하여 오히려 하나님을 방해하고 있기 때문에 하나님은 자기 뜻을 마음껏 펼치실 수가 없는 것이다.

하나님이 순복, 순종, 열망, 신뢰 같은 방식을 우리에게 요구하시는 것은 이와 같은 한마디에 전부 포함될 수 있다. 곧 오직 하나님만을 바라고 하나님의 구원을 기다리라. 그것은 아주 멋진 신성한 일을 해내는 데는 우리 자신이 전적으로 무기력할 뿐이라는 사실에 대한 깊은 인식이 바탕에 있어야 한다. 아울러 하나님이 그분의 신성한 능력으로 그 모든 일을 완벽하게 처리하실 것이라는 전적인 확신이 있어야 한다. 우리는 이 말씀에 내포된 함축적인 의미를 깨달을 때까지 우리 안에서 성취하려 작정하고 계시는 구원의 성스러운 영광에 대하여 곰곰이 묵상해야 한다.

우리 마음은 다른 어떤 피조세계보다 더 놀랍고 신비하게 하나님이 운행하시는 무대이다. 하나님이 우리 안에서 기꺼이 행하기 위하여 일하시는 경우를 제외하고, 우리는 세상을 창조하는 것만큼이나 그와 같은 하나님의 일하심에 관하여 절대 아무 일도 할 수 없다. 단지 하나님은 그분께 굴복하고 동의하며, 오직 하나님만을 바라라고 우리에게 요구하실 뿐이다. 그러면 하나님이 나머지 다른 모든 일을 선으로서 행할 것이라고 약속하신다.

오직 하나님만이 모든 일을 행하시는 것이 우리에게 얼마나 온전하고 복된 일인지 깨달을 때까지 우리는 단지 묵상하는 가운데 잠잠히 머물러 있으면 된다. 그런 다음에야 비로소 우리 영혼은 깊은 겸손으로 나아가 스스로 이렇게 고백할 수 있게 될 것이다. "여호와여 나는 주의 구원을 기다리나이다"(창 49:18). 그래야 우리가 행하는 온갖 기도와 모든 일의 심오하고 복된 배경이 "진정으로 내 영혼이 오직 하나님만을 바라나이다"라는 고백이 될 것이다.

이 진리를 훨씬 더 넓은 범위로 확장하여 우리가 열심히 애쓰거나 중보하는 사람들에게, 우리 주변에 있는 그리스도의 교회와 온 세상에 적용하는 것은 그다지 어려운 일이 아니다.

그러나 하나님이 일하시지 않는 다른 것들에는 그다지 별다른 유익이 있을 수 없다.

오직 하나님만을 바라면서 그분의 일하심에 대한 믿음으로 충만한 마음을 소유하는 것, 하나님의 전능하신 손길이 임하도록 기도하는 믿음 안에 머무르는 것이야말로 우리가 간직할 수 있는 유일한 지혜이다. 그러므로 우리는 하나님이 우리와 다른 사람들 안에서 어떻게 일하시는지, 오직 하나님만을 예배하며 오직 그분의 구원을 기다리는 것이 얼마나 복된 일인지 올바로 목도하고 깨달을 수 있도록 우리 마음의 눈을 활짝 열어놓아야 한다.

우리가 드리는 개인적이고 공적인 기도는 하나님과 우리의 관계를 드러내는 가장 중요한 표현이다. 우리는 기도를 통해 오직 하나님만 바라는 것을 훈련해야 한다. 만약 우리가 오직 하나님만을 바라는 것이 우리 본성의 활동을 차분히 가라앉히고 하나님 앞에서 잠잠히 머물러 있으면서 시작된다면, 만약 그것이 오직 온갖 선한 일을 행하실 수밖에 없으며 항상 그렇게 준비되어 있는 그분의 운행하심을 통하여, 우리가 하나님을 바라보기 위하여 머리를 숙이고 찾아다니게 한다면 그 바람은 실제로 우리 영혼의 능력이 될 것이다.

또한 만약 그것이 하나님이 우리 안에서 일하고 계실 뿐만 아니라 일하실 것이라는 확신 속에서 그분께 굴복하게 한다면, 만약 그것이 하나님의 성령이 그분의 일을 완전하게 이루실 것이라는 믿음을 촉진할 때까지 겸손과 평온과 포기의 자리를 유지하게 한다면, 이 기다림은 실제로 우리 영혼에 기쁨으로 굳건히 자리 잡게 될 것이다. 그럴 때 비로소 우리 삶은 다음과 같은 하나의 깊고 복된 기도를 드릴 수 있게 된다. "여호와여 나는 주의 구원을 기다리나이다"(창 49:18).

03 Waiting on God _ Part 1

영광받으시기에 합당한 근원이시다

이것들은 다 주께서 때를 따라 먹을 것을 주시기를 바라나이다. 주께서 주신즉 그들이 받으며 주께서 손을 펴신즉 그들이 좋은 것으로 만족하다가 주께서 낯을 숨기신즉 그들이 떨고 주께서 그들의 호흡을 거두신즉 그들은 죽어 먼지로 돌아가나이다. 주의 영을 보내어 그들을 창조하사 지면을 새롭게 하시나이다. 시편 104:27-30.

창조주를 높이는 찬양인 이 시편은 숲속의 온갖 새와 짐승들에 관하여, 일터로 나가는 젊은 사자와 사람들에 관하여, 크고 작은 물고기들이 셀 수 없을 정도로 많이 우글거리는 바다에 관하여 노래하고 있다. 또한 모든 피조물과 창조주 사이의 총체적인 관계를 개괄하고 있다. 우리는 이것을 통해 창조주에 대한 피조물의 끊임없는 의존성에 대해서 한마디로 요약할 수 있다. "이들은 다 주님을 바라나이다!"

이 모든 피조물을 창조하는 것이 하나님의 일인 것과 마찬가지로 그 모든 것을 관리하는 것 또한 하나님의 일이다. 피조물은 자신을 스스로 창조할 수 없는 것과 마찬가지로 자기 자신에게 공급하는 것 역시 스스로 해결할 수 없다. 모든 피조세계는 변하지 않는 하나의 법칙, 곧 오직 하나님만을 바라는 법칙에 따라 다스림을 받기 때문이다.

이 말씀은 피조물이 존재하게 된 이유, 곧 그 체질을 구성하는 기본 원리에 관한 간단한 표현이다. 하나님이 피조물에게 생명을 불어넣으신 한 가지 목적은 매 순간 각 피조물에게 행복을 샘솟게 하기 위해서다. 각 피조물의 능력에 따라 각각에게 하나님의 선하심과 권능을 풍성하게 부어주시면서 각 피조물 안에서 그분의 지혜와 권능과 선하심을 얼마든지 입증하고 공표하시기 위해서다.

그런즉 피조물의 모든 필요를 끊임없이 채우는 공급자가 되시는 것이야말로 하나님의 원래 자리와 본질인 것이다. 마찬가지로 모든 피조물의 자리와 본질은 단지 하나님을 바라면서 오직 하나님만이 주실 수 있는 것, 하나님이 기꺼이 베풀어주시기 원하는 것을 그분께 받아 누리는 것뿐이다.

만약 우리가 이 조그만 책을 통하여 오직 하나님만을 바라는 것이 진정으로 그리스도인이 되는 것임을 이해하고, 그 축복을 조금이나마 체험하는 것이 무엇인지 이해할 수 있다면, 우리를 향한 하나님의 부르심을 처음부터 시작하여 그 심오한 정당성을 제대로 살피는 것은 굉장히 중요하다.

결과적으로 우리는 어떻게 그 의무가 전혀 임의적이고 변덕스러운 명령이 아닌지 이해하게 될 것이다. 그것이 어떻게 반드시 우리의 죄와 무기력함만을 의미하는 것이 아닌지를 깨닫게 될 것이다. 그것은 단지 모든 영광의 하나님을 복되게 의존하는 피조물로서 우리 본래의 운명과 지고한 존엄성, 우리의 참된 자리와 영광을 제대로 회복하는 것이다.

일단 우리가 이처럼 고귀한 진리에 눈을 뜨게 되면 모든 자연이 설교자로 변하여, 이제 은혜 가운데 받아들일 수밖에 없는 모든 피조세계에 기초한 관계를 우리에게 상기시켜준다. 우리가 이 시편을 읽으면서 하나님이 지속적으로 관리하는 것으로서의 자연에 있는 모든 생명을 바라보는 법을 배울 때 오직 하나님만을 바라는 것이 우리의 존재에서 가장 절실하게 필요함을 깨닫게 될 것이다.

하나님을 향하여 울부짖는 젊은 사자와 까마귀를 생각할 때, 하나님이 때를 따라 필요한 양식을 공급하실 때까지 하나님을 바라는 모든 새와 물고기와 벌레들을 생각할 때 우리는 하나님이 모든 피조물이 바라는 대상이 되는 것이야말로 바로 그 하나님의 본성과 영광임을 깨닫게 될 것이다. 자연이 무엇이며 하나님이 어떤 분인지에 관한 갖가지 생각은 "오직 하나님만을 바라라"는 부르심에 새로운 활력을 불어넣을 것이다.

필요한 모든 것을 공급하는 분이 바로 하나님이시다. 이 믿음이 우리 마음속 깊은 곳에 자리 잡아야 한다. 그러나 오직 하나님만을 바라는 것이 의미하는 바를 전부 이해하기 전이라도, 그리고 이와 같은 습관을 기르는 것이 가능해지기 훨씬 전이라도 그 진리가 우리 영혼으로 들어와 고스란히 자리 잡아야 한다. 오직 하나님만을 바라는 것은, 끊임없이 전적으로 하나님을 의지하는 것은 저 하늘에서와 이 땅에서도 동일하게 유일한 참된 신앙이다. 그리고 우리가 그 안에서 살아가는 영원히 복된 존재와 맺는 참된 관계에 대하여 영원히 변하지 않는 표현이자 모든 것을 포괄하는 단 하나의 표현이다.

이제는 오직 하나님만을 지속적으로, 겸손하게, 정직하게 바라는 것이야말로 우리의 인생과 예배를 규정짓는 유일한 특징이라는 결단이 있어야 한다. 그러면 자신을 위하여 우리를 지으셔서 우리에게, 그리고 우리 안에서 기꺼이 그분 자신을 내주시는 하나님이 절대 우리를 실망시키지 않을 것이라는 확신 가운데 편안히 거할 수 있게 된다. 우리는 오직 하나님만을 바라는 가운데 안식과 기쁨과 능력을 발견할 것이며, 모든 필요를 채우는 공급하심을 경험하게 될 것이다.

04
Waiting on God _ Part 1

때에 따라 적절히 채워주시는 공급자시다

여호와께서는 모든 넘어지는 자들을 붙드시며 비굴한 자들을 일으키시는도다. 모든 사람의 눈이 주를 앙망하오니 주는 때를 따라 그들에게 먹을 것을 주시며 손을 펴사 모든 생물의 소원을 만족하게 하시나이다. 시편 145:14-16.

시편 104편은 피조세계에 관한 시편이며, 특히 동물계와 관련하여 "이것들은 다 주님을 바라나이다"는 말씀이 사용되었다. 하지만 위의 시편 145편에는 뭇 나라에 관한 말씀이 등장하는데, 하나님의 성도들에게 무엇이 필요한지 지적하기 위하여

"모든 사람의 눈이 주를 앙망하오니"라는 말씀이 특별히 등장한다. 곧 넘어지고 거꾸러지는 모든 사람의 필요가 무엇인지를 알리기 위하여 제시된 것이다.

우주와 동물계에서는 무의식적으로 벌어지고 있는 일을 하나님의 사람들은 의식적이고 자발적으로 수행해야 한다. 인간은 자연의 해석자가 되어야 한다. 인간은 오직 하나님만을 바라는 일에 우리의 자유의지를 활용하는 것보다 더 고상하거나 복된 일이 없다는 사실을 증명해야 한다.

만약 어떤 군대가 적지로 진격하라는 명령을 받았는데 전진하지 않고 있다는 소식이 들려온다면 즉각 '그렇게 지체하고 있는 이유가 무엇인가?'라는 의문이 제기될 것이다. 그 대답은 아주 흔히 이런 것이다. "지금 우리는 보급품을 기다리고 있습니다." 비축된 각종 식량이나 군복, 또는 탄약이 지급되지 않아서, 이런 보급품이 병사들에게 제대로 전달되지 않은 까닭에 그 군대는 제때 진격하지 못하고 있는 것이다.

그리스도인의 삶도 이와 별로 다르지 않다. 날마다 발걸음을 앞으로 뗄 때마다 우리는 위로부터 내려오는 보급품이 필요하다. 그리고 우리에게 하나님을 의존하는 영과 하나님을 확신하는 영을 기르는 것보다 더 절실하게 필요한 것은 없다.

하나님은 은혜와 능력이라는 꼭 필요한 보급품 없이 계속 전진하기를 원하시지 않기 때문이다.

만약 이것이 우리가 평소에 기도하는 모습과 어떤 관계가 있는지에 관하여 질문을 받게 된다면, 그것은 하나님을 별로 바라지 않으면서도 열심히 기도하고 있는 모습과 비슷하다고 대답할 수 있을 것이다. 우리는 종종 기도하면서 자신이나 자신의 필요와 노력에 사로잡혀서 거기에 매달리느라 여념이 없다. 하지만 오직 하나님만을 바라는 것은 우리가 바라는 대상인 하나님을 가장 우선적으로 생각하는 것이다.

우리는 하나님의 임재 안으로 들어가면 단지 거기에 잠잠히 서 있어야 될 필요만을 느낄 뿐이며 하나님께서는 우리가 차분히 가라앉게 해주신다. 하나님은 자신을 계시하기 원하시며 그분 자신으로 우리를 채우기 원하신다. 오직 하나님만을 바란다는 것은 그분의 방식과 신성한 능력으로 우리에게 다가오시도록 하나님께 시간과 공간을 내드리는 것이다.

우리가 이와 같은 믿음을 성장시키기 위해 우리 자신을 준비해야 할 경우는 특히 기도할 때이다. 기도하기 전에 우리는 먼저 하나님 앞에 잠잠히 엎드려서 하나님이 누구이신지, 하나님이 얼마나 가까이 계신지, 하나님이 얼마나 확실하게 우리를 도와주실 수 있으며, 어떻게 우리를 도와주실 것인지를 곰곰이 생각하면서 온전히 깨달아야 한다. 우리는 하나님 앞에 잠잠히 머무르면서 그분의 성령으로 하여금 우리의 영혼을 일깨우고 뒤흔들어 어린아이처럼 절대적인 의존과 확신에 찬 기대감의 자리로 나아갈 수 있어야 한다.

하나님은 당신을 주목하고 계시며 그분의 구원으로 당신을 채워주려고 간절히 바라고 계시는 살아계신 존재이다. 당신은 오직 이런 하나님을 간절히 바라야 한다. 당신이 하나님을 만났다는 것을 확실히 깨달을 때까지 오직 하나님만을 바라야 한다. 그러면 당신이 드리는 기도가 완전히 달라질 것이다.

그리고 당신은 기도할 때 일정한 간격으로 침묵을 유지하며 영혼의 경건한 고요함을 잠잠히 기다려야 한다. 그로 말미암아 당신은 하나님께 전적으로 자기 자신을 굴복시킬 수 있으며, 그럴 경우에야 비로소 하나님이 당신에게 가르치거나 하기 원하는 일들을 행하실 수 있게 된다. 오직 하나님만을 바란다는 것은 기도의 가장 복된 부분으로 자리 잡게 될 것이며, 이런 식으로 얻은 축복은 거룩한 존재와 교제를 나누면서 맺게 되는 열매로서 몇 갑절이나 소중한 축복이 된다.

하나님은 그분의 거룩한 본성과 우리의 본성 사이에 조화를 이루는 가운데 오직 하나님만을 바라도록 너무나 강하게 명하신다. 그렇기 때문에 오직 하나님만을 바라는 것은 분명히 우리가 그분께 돌려드리는 가장 높은 영광임에 틀림없다. 우리는 기쁘고 진실한 마음으로 하나님께 이와 같은 온전한 섬김을 올려드려야 한다. 그러면 하나님은 풍성하고 넘치도록 보상해주실 것이다.

"모든 사람의 눈이 주를 앙망하오니 주는 때를 따라 그들에게 먹을 것을 주시며 손을 펴사 모든 생물의 소원을 만족하게 하시나이다." 친애하는 영혼들이여, 하나님은 친히 만드신 모든 피조물에게 자연과 이치를 통하여 공급해주신다. 그러므로 우리는 모든 필요와 모든 선악을 온전히 선별하는 영적인 안목을 가져야 한다. 그리고 필요한 은혜가 부족할 때마다 솔직히 아뢰고 공급받는 축복의 통로를 깨달아야 한다. 그렇게 되기 위해서는 먼저 다음과 같은 진실한 고백이 우리에게 있어야 한다. "나는 지금까지 너무나 적게 하나님을 바랐다. 그렇지 않았더라면 하나님은 나에게 필요한 모든 것을 때에 따라 수시로 베풀어주셨을 것이다."

05

Waiting on God _ Part 1

매 순간 갈 길을 인도해주시는 안내자시다

여호와여 주의 도를 내게 보이시고 주의 길을 내게 가르치소서. 주의 진리로 나를 지도하시고 교훈하소서. 주는 내 구원의 하나님이시니 내가 종일 주를 기다리나이다. 시편 25:4-5.

나는 바로 앞 장에서 바야흐로 적진 깊숙이 침투하려는 순간에 처한 군대에 관하여 언급하였다. 그리고 지체하고 있는 이유 중 하나로 "보급품을 기다리고 있기 때문"이라고 설명하였다. 거기서 "지시를 기다리고 있기 때문"이라거나 "명령을 받지 못했기 때문"이라고 대답할 수도 있었다. 만약 최고사령관

이 최종 명령을 내렸음에도 불구하고 아직 최전선에서 직접적인 진격 지시를 받지 못했다면 그 군대는 감히 움직이지 못할 것이다. 그리스도인의 삶도 마찬가지다. 보급품을 기다리는 게 굉장히 절박한 필요인 것과 마찬가지로 지시를 기다리는 것 역시 중요하다.

이것이 시편 25편에서 얼마나 아름답게 그려지고 있는지 한번 살펴보라. 시편 기자는 하나님의 법을 굉장히 잘 알고 있었을 뿐만 아니라 그 법을 무척 사랑했기에 밤낮으로 그 율법을 묵상하고 있었다. 그러나 이것만으로는 충분하지 않다는 사실도 잘 알고 있었다. 다윗은 진리에 대한 올바른 영적 이해를 얻어서, 자신의 특별한 환경에 그 진리를 개인적으로 올바로 적용하기 위해서는 하나님의 직접적인 가르침이 필요하다는 사실을 잘 알고 있었다.

이것은 하나님의 가르침에 대한 절실한 필요와 그 가르침을 주실 것이라는 어린아이 같은 확신을 거듭 되풀이하여 표현하고 있기에 굉장히 특별한 말씀이다. 그렇기에 당신 마음이 다음과 같은 두 가지 생각으로 가득할 때까지 이 시편 말씀을 세심하게 묵상할 필요가 있다. 곧 하나님의 지도가 절대적으로 필요하다는 생각과 그에 관한 절대적인 확신이 들 때까지 말이다. 그리고 이것이 어떻게 전적으로 "내가 종일 주를 기다리나이다"라는 고백과 연결되는지 곰곰이 생각해보아야 한다. 온종일 하나님의 인도하심을 기다리는 것, 곧 지시를 기다리는 것은 하나님을 바라는 일에서 매우 복된 특별한 부분이다.

하늘에 계신 아버지는 자기 자녀에게 너무나 큰 관심을 기울이시며, 그분의 사랑과 뜻을 자녀의 인생에다 매 순간 불어넣기를 갈망하신다. 그렇기에 하나님은 기꺼이 전적으로 자신의 손길을 뻗쳐서 지속적으로 자기 자녀를 인도하실 것이다.

하나님이 우리 안에서 일하시지 않는다면 우리는 사실상 천상에 속한 거룩한 일을 도무지 할 수 없는 존재임을 하나님은 너무나 잘 알고 계신다. 그렇기에 하나님이 우리에게 요구하시는 것은 무엇이든지 실제로 우리를 돌보면서 이끌어가는 가운데 온종일 행하실 일에 대한 약속으로 자리 잡게 된다. 특별한 어려움을 당하거나 곤혹스러운 일을 겪는 시기뿐만 아니라 일상생활의 평범한 과정 속에서도 우리는 하나님이 그분의 길을 가르쳐주시도록, 그리고 그분의 도를 보여주시도록 얼마든지 기대할 수 있다.

그렇다면 우리가 이런 인도하심을 받기 위해서는 우리 안에 무엇이 필요하겠는가? 그 한 가지는 지시를 기다리면서 오직 하나님만을 바라는 것이다. "내가 종일 주를 기다리나이다." 우리는 기도할 때 우리의 필요와 그분의 도우심에 대하여 더욱 명확하게 표현할 필요가 있다. 우리는 하나님의 길이 어떤 길일지에 관하여 자신의 무지를 더욱 확실하게 의식할 필요가 있다.

또한 마치 태양이 환한 대낮을 점점 더 밝게 비추는 것과 마찬가지로 우리 안에 비치는 하나님의 빛으로 말미암아 자신의 무지를 더욱 확실하게 의식할 필요가 있다. 그런 다음에는 깊고 편안한 확신이 우리를 가득 채울 때까지 기도하는 동안 하나님 앞에서 잠잠히 기다릴 필요가 있다. 그러면 "온유한 자를 정의로 지도하심이여 온유한 자에게 그의 도를 가르치시리로다"(시 25:9)라는 말씀이 우리 안에서 그대로 온전히 이루어질 것이다.

"내가 종일 주를 기다리나이다." 시절을 좇아 기도하는 동안 하나님의 인도하심에 이처럼 특별히 순복하는 태도를 길러야 하며, 습관적으로 '온종일' 위를 바라보는 훈련이 계속 뒤따라야 한다. 두 눈이 멀쩡한 사람에게는 태양 빛 아래서 걸어가는 게 아주 쉬운 것처럼 오직 하나님만을 바라는 것을 열심히 연습한 영혼이 온종일 하나님의 빛과 인도하심을 즐거워하면서 동행하는 것은 아주 쉽고 즐거운 일이다.

우리가 이런 복된 삶을 사는 데 더욱 절실히 필요한 것은 단 한 가지뿐이다. 지혜와 선함의 유일한 원천으로서 우리가 충분히 요구할 수 있는 모든 것을 우리에게 공급하려고 언제나 준비하고 계신, 그리고 그렇게 하기를 열렬히 갈망하는 분으로서의 하나님을 아는 실제적인 지식과 믿음이 바로 그것이다. 그렇다! 이것이 바로 우리에게 필요한 단 한 가지이다.

만약 우리가 오직 그분의 사랑을 통해서만 하나님을 바라본다면, 만약 우리가 단지 하나님이 은혜를 베풀고 싶어서 기다리고 계신다는 사실을, 하나님이 우리에게 생명을 불어넣고 우리 안에서 모든 일을 행하려고 기다리고 계신다는 사실을 믿기만 한다면, 이처럼 오직 하나님만을 바라는 것이 얼마나 지고한 우리의 기쁨이 되겠는가! 이처럼 위대한 하나님의 사랑과 영광에 우리 마음이 얼마나 자연스럽고 자발적으로 반응하겠는가!

06

Waiting on God _ Part 1

수치를 당하지 않게 돕는 의로우신 분이다

주를 바라는 자들은 수치를 당하지 아니하려니와 까닭 없이 속이는 자들은 수치를 당하리이다. 시편 25:3.

오늘의 묵상을 통하여 이제 우리 각자는 자기 자신을 잊어버리고 위대한 하나님의 동행자들, 곧 우리와 함께 오직 하나님만을 바라고 있는 전 세계의 모든 성도를 생각해야 한다. 그리고 "주를 바라는 자들은 수치를 당하지 아니하려니와"라고 서로를 위하여 간절히 뜨겁게 기도하는 일에 모두 동참해야 한다.

이와 같은 기도가 필요한 수많은 사람을 잠시 생각해보라. 얼마나 많은 사람이 병들고 지치고 외롭게 지내고 있는가? 그 사람들은 마치 자기의 기도가 응답되지 않는 것처럼 느끼기도 하고, 때때로 자신이 바라는 것으로 창피를 당하지 않을까 두려워하기도 한다.

얼마나 많은 하나님의 종들이, 그러니까 다양한 이름으로 일하는 사역자나 선교사들, 교사나 일꾼들이 사역하는 가운데 점차 기대가 어긋나기도 하고, 능력과 축복을 받고 싶다는 열망이 여전히 충족되지 않은 채로 남아 있는가? 전적인 안식과 완전한 평화로 가득한 삶에 관한 이야기, 빛 가운데 거룩한 교제를 나누는 이야기, 능력과 승리에 관한 이야기가 들려오기도 하지만 얼마나 많은 사람이 그 길을 제대로 찾지 못하고 있단 말인가?

이 모든 상황에 처한 사람들은 아직도 온전히 하나님만을 바라는 삶의 비밀을 제대로 터득하지 못했을 따름이다. 그 사람들에게도 우리 모두에게 절실히 필요한 것이 필요할 뿐이다. 곧 오직 하나님만을 바라는 것이 결코 헛되지 않다는 살아 있는 확신 말이다. 우리는 거의 기절할 지경이거나 기진맥진할 위험에 처해 있는 모든 사람을 기억해야 한다. 그리고 우리 모두 힘을 합쳐서 "주를 바라는 자들은 수치를 당하지 아니하려니와"라고 외쳐야 한다.

만약 오직 하나님만을 바라는 모든 사람을 위한 이와 같은 중보기도가 우리를 위하여 하나님을 바라는 삶의 일부로 자리 잡게 된다면, 우리는 서로 짐을 나누어지면서 그리스도의 법을 성취하도록 도와주게 될 것이다.

우리는 오직 하나님만을 바라는 과정에서 이타적인 헌신과 사랑이라는 요소를 소개받게 될 것이다. 그것은 하나님과 나누는 가장 지극한 축복과 가장 충만한 교제로 나아가는 길이다. 형제자매들을 향한 사랑과 하나님을 향한 사랑은 불가분 서로 연결되어 있다. 하나님 안에서 그분의 아들을 향한 사랑과 우리를 향한 사랑은 하나이다. "내가 아버지의 이름을 그들에게 알게 하였고 또 알게 하리니 이는 나를 사랑하신 사랑이 그들 안에 있고 나도 그들 안에 있게 하려 함이니이다"(요 17:26).

그리스도 안에서 그분을 향한 하나님의 사랑과 우리를 향한 그분의 사랑은 하나이다. "아버지께서 나를 사랑하신 것같이 나도 너희를 사랑하였으니 나의 사랑 안에 거하라"(요 15:9). 그러면서 우리 안에서 그리스도는 우리를 향한 그분의 사랑이 형제자매들을 향한 우리의 사랑으로 자리 잡도록 강력히 요청하고 계신다. “새 계명을 너희에게 주노니 서로 사랑하라. 내가 너희를 사랑한 것같이 너희도 서로 사랑하라. 너희가 서로 사랑하면 이로써 모든 사람이 너희가 내 제자인 줄 알리라”(요 13:34-35).

하나님과 예수 그리스도의 온갖 사랑은 불가분 형제자매들을 향한 우리의 사랑과 서로 연결되어 있다. 그런데 우리가 날마다 서로를 위하여 기도하지 않는다면, 도대체 어떻게 이와 같은 사랑을 입증하고 성장시킬 수 있단 말인가? 그리스도는 자신을 위하여 아버지의 사랑을 받아 누리겠다고 애쓰지 않으셨다. 그리스도는 그 모든 사랑을 우리에게 전달하셨다. 그러므로 우리를 위하여 하나님과 그분의 사랑을 구하는 모든 참된 행위는 우리의 형제자매들을 위하여 기도하는 가운데 그들에 대한 우리의 사랑과 불가분 연결되어 있다.

“주를 바라는 자들은 수치를 당하지 아니하려니와.” 이 시편에서 다윗은 두 번이나 자기 자신을 위하여 오직 하나님만을 바라는 것에 관해 언급하고 있지만, 여기서 다윗은 궁극적으로 오직 하나님만을 바라는 모든 사람에 대하여 생각하고 있다. 이 시편은 시련을 겪으면서 피곤에 지친 모든 하나님의 사람들에게 그들이 아는 것보다 그 사람들을 위하여 더 많이 기도하는 자들이 있다는 메시지를 전하고 있다.

그 메시지가 오직 하나님만을 바라고 있는 우리를 뒤흔들어 자기 자신을 잊어버린 때에도 다시금 제대로 초점을 맞추어 우리의 마음을 활짝 열어 하나님 아버지께 이렇게 고백할 수 있도록 인도하고 있다. "모든 사람의 눈이 주를 앙망하오니 주는 때를 따라 그들에게 먹을 것을 주시며 손을 펴사 모든 생물의 소원을 만족하게 하시나이다."

이 메시지가 우리 모든 사람에게 새로운 용기를 불어넣을 수 있도록 묵상하고 또 묵상해야 한다. 쉽게 소심해지고 지치는 때에 처해 있지 않은 사람이 과연 누가 있단 말인가? "주를 바라는 자들은 수치를 당하지 아니하려니와"라는 말씀은 약속인 동시에 기도이다. "맞아요. 오직 하나님만을 바라는 사람은 누구나 수치를 당하지 않게 하나님이 해주실 거예요!"

수많은 증인에게서 터져 나오는 울부짖음은 하나님의 도우심을 요청하는 모든 사람에게, 형제와 자매들에게, 시련을 겪고 있는 모든 자에게 다가간다. "너는 여호와를 기다릴지어다. 강하고 담대하며 여호와를 기다릴지어다"(시 27:14). "여호와를 바라는 너희들아 강하고 담대하라"(시 31:24).

"복되신 하나님이여! 우리가 겸손히 간청하오니 오직 주님만을 바라는 자들은 수치를 당하지 않게 하소서. 아무도, 단 한 사람이라도 수치를 당하지 않게 하소서. 어떤 사람은 지쳐 있어서 주님을 기다리는 시간이 너무나도 길어 보입니다. 또한 어떤 사람은 연약하여 거의 주님을 기다릴 줄 모릅니다. 그리고 어떤 사람은 기도와 일터에서 엄청난 노력을 기울였음에도 너무나 뒤죽박죽인 나머지 계속해서 기다릴 만한 여유가 없다고 생각하게 됩니다. 아버지여, 우리 모두에게 오직 주님만을 바라며 기다리는 법을 가르쳐주소서! 우리가 서로를 생각하며 서로를 위하여 기도하는 법을 가르쳐주소서! 우리에게 주님을 생각하면서 모든 기다리는 자의 하나님을 생각하는 법을 가르쳐주소서! 아버지여, 오직 주님만을 바라는 자들은 수치를 당하지 않게 하소서! 예수님의 이름으로 기도합니다. 아멘."

P·A·R·T·2

어떻게 하나님께 다가갈 수 있는가?

01 Waiting on God _ Part 2

완전한 성실과 정직함으로 기도해야 한다

내가 주를 바라오니 성실과 정직으로 나를 보호하소서. 시편 25:21.

우리는 시편 25편의 말씀 중에서 21절에서 세 번째로 "바라다. 기다리다"라는 말씀을 만나게 된다. 앞선 5절에서 "주는 내 구원의 하나님이시니 내가 종일 주를 기다리나이다"라는 말씀이 나오는 것처럼, 여기에서도 역시 믿음의 탄원을 통하여 하나님께 호소함으로써 시편 기자가 오직 하나님만을 바라면서 응답을 기다린다는 사실을 상기시켜준다.

한 영혼이 오직 하나님만을 바랄 뿐 아니라 그의 영과 마음이 오직 하나님만을 바라는 영으로 충만하여 어린아이 같은 확신으로 "주님! 제가 오직 당신만을 바라고 있다는 걸 잘 알고 계시지요?"라고 말할 수 있다면 그것은 굉장히 놀라운 일이다. 그와 같은 태도로 올려드리는 기도가 강력한 간구임이 입증될 것이며, "나를 바라는 자는 수치를 당하지 아니하리라"(사 49:23)는 약속이 이루어지리라는 믿음을 점점 더 강하게 키워줄 것이다.

여기에 제시된 간구와 관련된 기도는 우리의 영성생활에서 굉장히 중요한 기도이다. 만약 우리가 하나님께 가까이 나아간다면 반드시 진실한 마음으로 나아가야 한다. 그렇게 하나님을 만나는 과정에서는 완전한 성실과 정직함을 갖추어야 한다. 다음 시편에서 "내가 나의 완전함에 행하였사오며 흔들리지 아니하고 여호와를 의지하였사오니 여호와여 나를 판단하소서"(시 26:1), 또는 "나는 나의 완전함에 행하오리니 나를 속량하시고 내게 은혜를 베푸소서"(시 26:11)라는 말씀을 통해 살펴볼 수 있는 것처럼 하나님 앞에서는 완전한 성실과 정직함으로 나아가야 한다. "주를 아는 자들에게 주의 인자하심을 계속 베푸시며 마음이 정직한 자에게 주의 공의를 베푸소서"

(시 36:10)라고 시편 기자가 간절히 기도하고 있기 때문이다.

그와 같은 마음에서는 죄스러운 것이나 의심스러운 일은 전혀 허락되지 않는다는 사실을 우리 영혼은 분명히 알아야 한다. 만약 정말로 거룩한 분을 만나고 그분의 충만한 축복을 받아야 한다면 그것은 분명히 그분의 뜻에 충만하게, 그리고 유일하게 자신을 내드리는 마음에서 일어나는 것이어야 한다. 오직 하나님만을 바라도록 우리에게 생명을 불어넣는 온전한 영은 반드시 "내가 주를 바라오니 성실과 정직으로 나를 보호하소서"(시 25:21)라고 간절히 기도해야 한다.

그런데 언제나 충만하게 하나님을 기다리는 삶을 진정으로 살아가기 위한 첫 번째 시도에서, 만약 우리가 그와 같은 완전한 성실함이 우리에게 얼마나 많이 부족한지를 깨닫기 시작했다면, 이것은 단지 그러한 바람과 기다림이 제대로 효과를 나타내기 시작했다는 것을 의미하는 응답 가운데 하나일 뿐이다. 하나님의 모든 뜻에 전적으로 순복하는 그와 같은 정직함이 없다면 어떤 영혼도 하나님과 친밀한 교제를 나눌 수 없으며, 또한 온종일 오직 하나님만을 바라는 지속적인 깨달음에 도달할 수도 없다.

"내가 주를 바라오니." 이것은 우리의 기도와 밀접하게 연관되어 있을 뿐만 아니라 이 간구가 활용될 수 있는 온갖 기도와도 밀접하게 연관되어 있다. 이 기도를 자주 활용하는 것은 우리에게 엄청난 축복이 된다. 그러므로 거기에 내포된 의미를 모두 파악할 때까지 각 단어를 충분히 연구하고 묵상하는 것이 중요하다. 그것은 우리가 무엇을 바라고 있는지에 관해서 우리에게 명확하게 알려주기 때문이다.

또한 거기에는("내가 주를 바라오니"라는 의미에는) 매우 다른 것들이 포함될 수도 있다. 우리가 기도하는 그 시간에 하나님의 임재로 말미암아 하나님이 원래 있어야 할 그분의 자리를 차지하여 우리 안에서 일하심으로써 오직 하나님만을 잠잠히 기다리게 하는 것이다. 그리고 거기에는 우리가 어떤 특정한 응답을 기대하는 특별한 간구가 내포될 수도 있다. 그것은 우리의 총체적인 내적인 생활일 수도 있는데, 그 과정에서 우리는 권능을 발휘하시는 하나님의 역사를 주의 깊게 살펴보게 된다. 그것은 하나님의 교회와 성도라는 총체적인 상태, 또는 하나님의 일하심 가운데 어떤 부분일 수도 있는데 그로 말미암아 우리의 눈은 끊임없이 하나님을 향하게 된다.

때때로 우리가 바라고 있는 게 무엇인지를 스스로 정확히 헤아려보는 것은 좋은 일이다. 그리하여 우리 각자가 명확하게 "내가 주를 바라오니"라고 간구할 수 있을 때 우리는 용기 있게 "내가 주를 바라오니"라는 기도에 대한 응답을 요구할 수 있게 된다.

한편으로 거기에는 우리가 누구를 바라고 있는지에 대해서도 명확하게 알려준다. 그것은 우상이 아니다. 우리 스스로가 하나님은 어떤 분인지를 상상하여 형상으로 만들어낸 우상이 절대 아니다. 오히려 하나님은 살아계신 분으로서 진실로 자신의 위대한 영광 가운데 거하시며, 자신의 무한한 거룩함, 자신의 권능, 지혜, 선하심 안에 거하시며, 자신의 사랑과 친밀한 관계를 형성하는 가운데 거하시는 살아계신 분임을 우리에게 분명히 알려주신다.

그렇기에 오직 하나님만을 기다리는 종의 완전한 주의를 일깨우는 것은 바로 사랑하는 주인, 또는 두려운 주인의 임재이다. 하나님이 그리스도 안에서 성령님을 통하여 자기 자신을 알리셔서 그 영혼을 보호막 아래 거하게 하실 때 진정으로 바라고 기다리는 영을 일깨우고 강하게 하시는 분은 바로 임재하신 하나님이시다. 그렇기에 우리는 하나님이 얼마나 가까이에 계신지 깨달아 "내가 주를 바라오니"라고 기도할 수 있을 때까지 잠잠히 서서 오직 하나님만을 바라면서 예배해야 한다.

그런 다음에는 오직 주님만을 바라고 있다는 사실 역시 아주 명확하게 표현해야 한다. 이를 너무나 깊이 의식하고 있어서 다음과 같은 말이 저절로 튀어나올 수 있도록 말이다. "온종일 내가 주님을 바라고 또 바라나이다." 이것은 사실상 희생과 분리를 의미하며, 자신의 전부이자 유일한 기쁨으로 삼기까지 하나님께 전적으로 자신을 내맡긴다는 사실을 의미하는 것이다.

그런데 이처럼 오직 하나님만을 바라는 것이야말로 유일하고 참된 우리의 신앙이라는 사실이 지금까지도 여전히 거의 알려지지 않고 있다. 그러나 만일 오직 하나님만이 선이요 기쁨이요 사랑이라는 게 사실이라면, 만일 우리의 지고한 축복이 우리가 할 수 있는 한 하나님을 가장 많이 소유하는 것이라는 게 사실이라면 우리는 하나님 한 분만으로 만족할 수 있을 것이다. 또한 만일 그리스도께서 전적으로 하나님을 위하여 우리를 구속하고 계시며, 그분의 임재 안에 지속적으로 거하는 삶이 가능하도록 하셨다는 게 사실이라면 "내가 주님을 바라나이다"라는 이와 같은 축복된 말씀은 반드시 우리의 삶을 완전한 성실과 정직한 기도로 담대히 하나님 앞으로 나아가도록 이끌 것이다.

02

Waiting on God _ Part 2

담대한 용기로 흔들림 없이 기다려야 한다

너는 여호와를 기다릴지어다. 강하고 담대하며 여호와를 기다릴지어다. 시편 27:14.

시편 기자는 앞 절에서 "내가 산 자들의 땅에서 여호와의 선하심을 보게 될 줄 확실히 믿었도다"(시 27:13)라고 말하였다. 만약 하나님을 믿는 믿음이 없었더라면 시편 기자는 마음을 놓쳐버렸을지도 모른다. 그러나 믿음으로 말미암아 갖게 된 강한 확신 덕분에 시편 기자는 자기 자신과 우리에게 다른 무엇보다 한 가지 사실, 곧 오직 하나님만을 바라는 것을 기억하라고 촉구한다. "주를 바라며 크게 용기를 낼지어다. 그리하면 그분께서 네 마음을 강하게 하시리라. 내가 말하노니 주를 바랄지어다."

우리가 오직 하나님만을 바라는 과정에서 가장 중대한 필요 가운데 하나는, 그로 말미암은 축복과 은혜를 받는 가장 심오한 비결 가운데 하나는 차분하고 확신 찬 신념인데 그건 결코 헛되지 않을 것이다. 그건 다름 아닌 하나님이 우리의 기도를 듣고 도와주신다고 믿는 용기, 그건 바로 자기 백성을 결코 실망시키지 않으시는 하나님을 바라고 있다고 믿는 용기이다.

"주를 바라며 크게 용기를 낼지어다." 이 말씀은 어떤 거대하고 어려운 모험적인 일과 관련하여 자주 등장한다. 이를테면 강한 대적과 전투가 예상되는 상황에서, 어떤 인간적인 힘으로도 전적인 부족함을 느끼는 상황에서 자주 등장한다. 오직 하나님만을 바라는 것이 얼마나 어려운 일이기에, 과연 이를 위해서도 "네 마음을 강하게 하고 크게 용기를 낼지어다"와 같은 말이 필요하단 말인가?

맞다. 정말로 그렇다. 우리가 종종 바라고 기다려야 하는 상황은 마치 사탄의 사슬에서부터 구출되어야 하는 절체절명의 상황이기에 우리는 그때 아무런 힘도 쓸 수 없게 된다. 우리가 간구하는 축복은 영적인 것이며 전혀 눈에 보이지 않는다. 사람으로서는 불가능한 일이며 천상의 초자연적인 신성한 실재이다. 그렇기에 우리 마음은 쉽게 소심해지고 낙담하게 될 수밖에 없다.

우리 영혼은 하나님과 교제하는 것에 너무나 익숙하지 않은 나머지 아주 흔히 우리가 바라고 기다리는 하나님은 그분 자신을 숨기는 것처럼 보인다. 마냥 기다릴 수밖에 없는 우리는 종종 제대로 기다리고 있지 않을지도 모른다는 염려에 유혹을 받으며, 우리의 믿음이 너무나 약할지도 모른다거나, 우리의 소망이 마땅히 그래야 하는 것만큼 올바르거나 진지하지 않을지도 모른다거나, 우리의 순종이 완전하지 않을지도 모른다는 염려로 시험을 당하게 된다.

그렇다면 우리를 두려움이나 의심에 빠뜨리는 이 모든 원인이나 상황 중에서도 "주를 바라며 크게 용기를 낼지어다. 그리하면 그분께서 네 마음을 강하게 하시리라. 내가 말하노니 주를 바랄지어다"라고 말씀하시는 하나님의 음성을 듣는다는 것이 얼마나 커다란 복이란 말인가! 하늘이나 땅이나 지옥에 있는 어떤 것도, 그게 전혀 헛되지 않다는 전적인 확신 속에 오직 하나님만을 바라는 것을 아무것도 방해하지 못하게 한다면 말이다.

이 본문이 우리에게 가르쳐주는 교훈은 이것이다. 곧 오직 하나님만을 바라는 일에 자기 자신을 준비시킬 때 우리는 하나님이 미리 우리를 만나서 축복해주신다는 확신에 찬 기대감을 갖는 믿음이 중요하다는 것이다. 우리는 오직 하나님만을 바라는 것이 우리가 지금까지 전혀 들어보지도, 예상하지도 못했던 축복을 가져오리라는 사실만큼 너무나 확실한 것은 아무것도 없음을 명심해야 한다.

우리는 자기 안에서 일하시는 하나님과 그분의 일을 우리 느낌대로 판단하는 데 너무나 익숙하다. 그러다 보니 우리가 오직 하나님만을 바라는 습관을 훈련하면서도 거기에서 아무런 특별한 축복도 발견하지 못하기 때문에 낙담하게 된다. 이와 같은 때에 우리에게 다가오는 메시지가 있다. "다른 무엇보다 당신이 오직 하나님만을 바랄 때 풍성한 가망성을 내다보는 영으로 그렇게 하라. 그분을 기다리고 있는 당신에게 그분의 영광 안에서, 그분의 권능 안에서, 그분의 사랑 안에서 축복하기를 열망하시는 분은 바로 하나님이시다."

현재의 상태에서 그러한 특별한 기대감에 대해 아무런 보증도 인식하거나 느끼지 못하기 때문에 당신이 헛된 소망으로 자기 자신을 속이고 있을지도 모른다고 말한다면, 나는 위대한 일을 기대하는 당신에게 유일한 보증이 되시는 분은 바로 하나님이라고 대답해주고 싶다. 오, 이 교훈을 배우라. 당신 스스로 어떤 느낌이 드는지, 당신에게 어떤 변화가 생기는지를 알아보기 위하여 자기 자신을 바라고 기다리라는 게 아니다. 당신은 먼저 하나님이 어떤 분인지를 알고, 하나님이 무슨 일을 행하실지를 알아보기 위하여 오직 하나님만을 바라고 있는 것이다.

오직 하나님만을 바란다는 것의 전반적인 의미와 축복은 바로 여기에 그 뿌리를 두고 있다. 곧 하나님은 너무나 복된 존재라서 선하심과 권능과 생명과 기쁨이 충만하게 흘러넘친다. 그렇기에 우리가 아무리 곤고할지라도 하나님의 생명과 권능이 은밀하고 잠잠하게 우리 안으로 들어와 우리를 축복하기 시작한다면 우리는 아무 때나 하나님과 교제할 수 있는 기회를 가질 수 있다는 것이다.

하나님은 사랑이시다! 그것은 당신의 기대감에 대한 단 하나의 유일하고도 모든 것을 충족시키는 보증이다. 사랑은 스스로 찾아 나선다. 하나님의 사랑은 단지 그분의 자녀들에게 그분 자신과 축복을 나눠주시는 그분의 기쁨일 따름이다.

당신이 아무리 연약하다고 느낄지라도 이리 와서 하나님의 임재를 바라며 기다리라. 약하고 병들고 무가치한 자가 태양 아래로 나아와 온기를 온 몸으로 느끼는 것처럼 당신 안에 있는 온갖 어둡고 추운 것들을 하나님의 거룩하고 전능하신 사랑의 햇빛 속으로 가지고 들어가라. 그리고 다음과 같은 단 한 가지 생각을 품고 거기서 잠잠히 기다리라. "제가 여기 있나이다. 당신의 따사로운 햇살로 저를 비추소서!"

태양이 빛을 찾아다니는 연약한 자 안에서 따사로운 역사를 이루는 것처럼 하나님도 당신 안에서 그분의 일을 행하실 것이다. 오, 하나님을 전적으로 신뢰하라. "주를 바라며 크게 용기를 낼지어다. 그리하면 그분께서 네 마음을 강하게 하시리라. 내가 말하노니 주를 바랄지어다."

03 Waiting on God _ Part 2

자기의 명철과 온 마음을 내려놓아야 한다

여호와를 바라는 너희들아 강하고 담대하라. 시편 31:24.

이것은 바로 앞에서 묵상한 것과 거의 같은 말씀이다. 그러나 나는 오직 하나님만을 바란다는 것이 무엇인지 진정으로, 그리고 전심으로 배우기 원하는 모든 사람에게 상당히 절실한 교훈을 강조하기 위하여 다시 한번 기쁜 마음으로 이 본문을 사용했다. 그 교훈이란 바로 이것이다. 우리가 하나님을 바라야 하는 곳은 바로 마음이라는 것이다. "그분께서 너희 마음을 강하게 하시리로다."

우리가 바라는 모든 것은 우리 마음 상태에 의존하게 된다. 한 사람의 마음이 하나님 앞으로 나아가는 것과 마찬가지로 그 사람 역시 하나님 앞에 있게 된다. 그렇기에 우리 마음이 성령으로 말미암아 준비되지 않는다면 거기에서 우리가 하나님을 바라기 위하여 하나님이 임재하시는 성소로 더 멀리, 더 깊이 나아갈 수는 없다. 여기서 던져주는 메시지는 이것이다. "주께 소망을 둔 모든 자들아 너희는 크게 용기를 내라. 그분께서 너희 마음을 강하게 하시리라."

진리는 항상 너무나 단순한 것처럼 보여서 어떤 이들은 "모든 사람이 이 진리를 인정하는 것은 아니지 않느냐?"고 반문할 수도 있다. 그렇다면 특별히 이 진리를 그렇게 계속해서 강조해야 할 필요성이 도대체 무엇인가? 그 이유는 수많은 그리스도인조차도 생각으로 믿는 신앙과 마음으로 믿는 신앙 사이의 거대한 차이점을 제대로 인식하지 못하고 있기 때문이다.

전자는 후자를 훨씬 더 부지런히 키워주고 있다. 사람들은 마음이 생각보다 얼마나 무한정 더 큰지를 제대로 알지 못한다. 우리 그리스도인의 삶이 허약한 이유 가운데, 우리가 반드시 찾아내야 할 가장 중대한 원인 가운데 하나가 바로 여기에 있다. 이것을 제대로 이해할 때라야 비로소 우리는 오직 하나님만을 바라는 일이 충만한 축복을 가져올 수 있다는 사실을 진심으로 깨닫게 된다.

잠언 3장 5절에 기록된 말씀은 내가 의미하는 바를 확실히 드러내도록 도와준다. 하나님을 경외하면서 은혜를 누리는 삶에 대하여 언급한 이 본문은 "너는 마음을 다하여 여호와를 신뢰하고 네 명철을 의지하지 말라"고 말씀한다. 우리는 반드시 신앙생활에서 이 두 가지 힘을 사용해야 한다. 생각이 하나님의 말씀으로부터 지식을 모아서 음식을 준비하면 그로 말미암아 내적인 삶을 책임지는 마음이 자양분을 공급받게 된다. 그러나 여기에는 끔찍한 위험성이 도사리고 있다. 곧 자신의 명철에 의지하여 하나님을 신뢰하려는 위험성이다.

사람들은 진리에 몰두하게 되면 당연한 결과로서 영성생활이 자연스럽게 성장하게 될 것이라고 생각한다. 그런데 사실은 전혀 그렇지 않다. 우리의 명철은 하나님께 속한 것에 관한 개념과 이미지를 다루기는 하지만 우리 영혼의 깊숙한 실생활에까지 다다를 수는 없다. 이것이 바로 "너는 마음을 다하여 여호와를 신뢰하고 네 명철을 의지하지 말라"고 명령하시는 이유이다.

우리가 하나님을 믿고 하나님과 접촉하는 곳은 바로 마음이다. 하나님이 그분의 성령을 허락하여 우리 안에서 일하시는, 하나님의 임재와 권능이 자리 잡고 있는 곳도 바로 마음이다. 우리가 행하는 온갖 신앙행위에서 신뢰하고 사랑하며 예배하고 순종하는 곳도 바로 마음이다. 생각은 내 안에서 영성생활을 창조하고 유지하는 데 있어 전적으로 무기력하다. 마음이야말로 내 안에서 일하는 분으로서 하나님을 바라는 곳이다.

심지어 육체적인 생활에서도 이와 마찬가지다. 이성은 무엇을 먹고 마실 것인지, 어떻게 음식이 나에게 영양분을 제공하는지를 나에게 말해줄 수 있다. 그러나 이성을 먹이고 키우는 부분에서 나는 아무것도 할 수 없다. 우리 몸에는 특별한 목적을 지닌 기관들이 있다. 그와 마찬가지로 이성은 하나님의 말씀에서 이야기하는 대로 나에게 말해줄 수는 있지만 우리 영혼에 삶의 양식을 먹이는 것과 관련하여 아무것도 할 수 없다. 오직 마음만이 하나님을 믿고 신뢰함으로써 이것을 할 수 있다.

한 사람이 자연과 음식이나 잠의 효과를 연구할 수는 있다. 먹거나 자고 싶을 때 그 사람은 온갖 생각하고 연구하는 것을 한쪽으로 제쳐두고서 먹거나 잠자는 쪽으로 힘을 사용하게 된다. 그러니까 하나님의 말씀을 공부하거나 들을 때 우리도 그와 마찬가지로 항상 자기 생각을 멈추고 그 생각을 신뢰하는 것을 내려놓고, 하나님 앞에서 자기 마음을 일깨워 활짝 연 후에 하나님과 살아 있는 교제를 추구해야 한다.

그러면 이제 오직 하나님만을 바라는 것이 축복으로 자리 잡게 된다. 나의 온갖 잡다한 생각과 노력의 전적인 무기력함을 고백하면서 나 자신을 잠잠히 준비시켜 거룩한 침묵 가운데 하나님 앞에서 내 마음을 엎드리게 된다. 그뿐만 아니라 하나님을 신뢰함으로써 내 안에서 그분의 일하심을 새롭게 하는 동시에 강화하게 된다. 이것이 바로 "주께 소망을 둔 모든 자들아 너희는 크게 용기를 내라. 그분께서 너희 마음을 강하게 하시리로다"는 말씀이 주는 교훈이다.

그러므로 생각으로 아는 것과 마음으로 믿는 것 사이의 차이점을 분명히 기억하기 바란다. 분명하고 강한 생각에 사로잡혀 자기 명철을 의지하려는 유혹을 경계하기 바란다. 그 생각은 단지 우리 마음이 하나님으로부터 무엇을 얻어내야 하는지 알도록 도와줄 뿐이다. 그 생각은 본질적으로 단지 이미지와 그림자일 뿐이다.

"주께 소망을 둔 모든 자들아 너희는 크게 용기를 내라. 그분께서 너희 마음을 강하게 하시리로다." 하나님이 자기 자신을 계시하여 당신이 그분을 알 수 있도록 하는, 당신의 영적인 본성을 차지하는 놀라운 부분으로서 당신의 마음을 하나님 앞에 내려놓으라. 당신이 속속들이 자기 마음을 들여다볼 수는 없을지라도 하나님이 성령을 통하여 거기서 일하고 계신다는 커다란 확신을 갖게 할 것이다.

마음으로 하여금 시시때때로 완전한 침묵과 고요함 속에서, 숨겨진 깊숙한 곳에서 하나님이 일하실 것을 기다리도록 하라. 이것을 확신하면서 오직 하나님만을 바라라. 은밀하게 일하시도록 계속해서 온 마음을 다하여 하나님의 손에 자신을 내맡기라. 하나님은 그 마음을 원하시고, 그 마음을 취하시며, 하나님으로서 그 마음 안에 머물러 있기를 원하신다. "주께 소망을 둔 모든 자들아 너희는 크게 용기를 내라. 그분께서 너희 마음을 강하게 하시리로다."

04 Waiting on God _ Part 2

겸손한 경외심과 소망 가운데 나아가야 한다

여호와는 그를 경외하는 자 곧 그의 인자하심을 바라는 자를 살피사 그들의 영혼을 사망에서 건지시며 그들이 굶주릴 때에 그들을 살리시는도다. 우리 영혼이 여호와를 바람이여 그는 우리의 도움과 방패시로다. 우리 마음이 그를 즐거워함이여 우리가 그의 성호를 의지하였기 때문이로다. 여호와여 우리가 주께 바라는 대로 주의 인자하심을 우리에게 베푸소서. 시편 33:18-22.

하나님의 눈은 언제나 그분의 백성들을 향하고, 그 백성들의 눈은 항상 하나님을 향한다. 오직 하나님만을 바라는 과정에서 하나님을 올려다보는 우리의 눈길은 우리를 내려다보시는 하나님의 눈길과 마주친다. 이것이 바로 오직 하나님만을 바라는 축복된 삶이다. 곧 이것은 우리에게서 온갖 잡다한 눈길과 생각을, 심지어 우리의 필요와 갈망마저도 취하여 오직 하나님께만 몰두하게 만든다.

우리는 그분의 영광과 사랑 안에서, 우리를 보살피며 모든 것을 돌아보고 계시는 그분의 눈으로 하나님을 예배하기에 그분은 우리의 모든 필요를 공급하신다. 하나님과 그분의 백성들 사이에서 벌어지는 이와 같은 놀라운 만남을 우리는 곰곰이 생각해보아야 한다. 그리하여 하나님의 눈길이 머무는 사람들과 우리의 눈길이 머무는 하나님에 관하여 여기서 우리에게 무엇을 가르쳐주고 있는지 주의 깊게 살펴보아야 한다.

"여호와는 그를 경외하는 자 곧 그의 인자하심을 바라는 자를 살피신다." 경외와 소망은 일반적으로 서로 상충되는 것으로 여겨지지만 하나님의 임재와 예배 안에서는 완벽하고 아름다운 조화를 이루면서 함께 나란히 갈 수 있다. 이는 하나님 안에서 모든 외견상 모순과 충돌이 화해를 이루기 때문이다. 의와 평화, 심판과 긍휼, 성결과 사랑, 무한하신 권능과 무한하신 관대함, 모든 하늘 너머까지 높아진 위엄과 가장 낮은 자세로 자신을 낮추는 겸양이 서로 만나서 입맞춤을 나누기 때문이다.

완전한 사랑으로 말미암아 전적으로 내쫓기기는 하지만 여전히 우리를 괴롭히는 두려움이 실제로 존재한다. 그러나 천국에서도 발견되는 경외감이 있다. 천국에서는 모세와 어린양의 노래를 부르면서 "주여 누가 주의 이름을 두려워하지 아니하며 영화롭게 하지 아니하오리이까. 오직 주만 거룩하시니이다. 주의 의로우신 일이 나타났으매 만국이 와서 주께 경배하리이다 하더라"(계 15:4)라고 찬양하고 있다. 그리고 바로 그 보좌에서는 다음과 같은 음성이 울려 퍼지고 있다. "하나님의 종들 곧 그를 경외하는 너희들아 작은 자나 큰 자나 다 우리 하나님께 찬송하라"(계 19:5).

우리는 오직 하나님을 경외하는 과정에서 "네 하나님 여호와라 하는 영화롭고 두려운 이름을 경외"(신 28:58)해야 한다. 심지어 천사들이 그 보좌 앞에서 자기 얼굴을 베일로 가리는 것처럼 거룩한 경외감과 경배하는 두려움으로, 깊은 존경심과 겸손한 자기비하로 하나님의 성결함 앞에 더 깊이 꿇어엎드려야 한다.

그럴 때 하나님의 성결함이 우리 위에 훨씬 더 많이 임하게 될 것이며, 우리의 영혼은 하나님이 그분 자신을 계시하는 것으로 훨씬 더 많이 충만해질 것이다. “아무 육체도 하나님 앞에서 자랑하지 못하게 하려”(고전 1:29)는 진리 안으로 점점 더 깊숙이 들어갈 때 우리는 점점 더 많이 하나님의 영광을 보게 될 것이다. 그리고 “주님의 눈은 주님을 경외하는 사람들을 살펴보신다”는 진리를 확실히 신뢰하게 될 것이다.

“주님의 눈은 그분의 긍휼에 소망을 두는 자들 위에 있다.” 지금까지 하나님을 향한 진정한 두려움이 우리로 하여금 소망을 품지 못하도록 가로막았을지 모르지만 이제는 오히려 그 소망을 자극하고 강화시켜줄 것이다. 점점 더 낮은 자세로 머리를 숙일수록 우리는 하나님의 긍휼하심 외에는 소망을 둘 데가 전혀 없다는 사실을 더 깊이 느끼게 된다. 우리가 점점 더 낮은 자세로 머리를 숙일수록 하나님은 담대하게 그분을 신뢰하도록 우리의 마음을 더 가까이 그분께 나아가도록 만들 것이다.

그렇기에 우리는 오직 하나님만을 바라기 위한 온갖 훈련을 실행해야 한다. 오직 하나님만을 바라는 총체적인 습관이 풍성한 소망을 통하여 골고루 스며들도록 훈련해야 한다. 하나님의 긍휼만큼이나 찬란하고 무한한 소망이 흘러넘치도록 해야 한다. 하나님의 아버지다운 친절하심은 너무나 극진하셔서 어떤 상태로 하나님께 나아가든지 간에 우리는 그분의 긍휼하심 안에서 확신 있게 소망을 품을 수 있다.

오직 하나님만을 바라는 자들은 이와 같다. 그러니까 이제 우리가 바라는 하나님에 대하여 다시 한번 생각해보자. "여호와는 그를 경외하는 자 곧 그의 인자하심을 바라는 자를 살피사 그들의 영혼을 사망에서 건지시며 그들이 굶주릴 때에 그들을 살리시는도다." 이것은 사망과 굶주림의 위험에 전혀 빠지지 않도록 방지한다는 게 아니다. 오히려 그러면 하나님을 바라는 삶이 뒤흔들릴 수밖에 없기에 설령 그런 상황에 처해 있더라도 거기에서 우리를 건져 살리신다는 뜻이다.

일시적인 삶에서든 영적인 삶에서든 간에 그 상황이 전혀 가망 없는 것처럼 보일 수도 있다. 그러나 항상 한 가지 소망이 남아 있다. 하나님의 눈이 우리를 살피신다는 사실이다. 그 눈은 위험을 살피고 계시고, 떨며 기다리고 있는 하나님의 자녀를 부드러운 사랑으로 살피고 계시며, 그 마음이 축복으로 무르익는 순간을 살피고 계시며, 그 마음이 나아가야 할 길을 살피고 계신다. 우리는 이런 살아계신 전능하신 하나님을 경외하며 그분의 긍휼하심에 소망을 두어야 한다. 그리고 겸손하고 담대하게 "우리 영혼이 여호와를 바람이여 그는 우리의 도움과 방패시로다. 여호와여 우리가 주께 바라는 대로 주의 인자하심을 우리에게 베푸소서"(시 33:20,22)라고 구해야 한다.

오, 그러한 하나님을 바라는 축복이여! 어려움을 당하는 바로 그 순간에 가장 적절하게 찾아오시는 도움의 손길과 온갖 위험을 막아주시는 방패와 방어막이여! 하나님의 자녀여, 당신은 전적인 무기력감에 빠져들어 잠잠히 머무는 가운데 하나님의 구원을 기다리며 바라보는 법을 배우지 않겠는가?

극심한 영적인 기근을 경험하는 시기에, 그리고 사망이 온 사방에 두루 퍼져 있는 것처럼 보일 때 오직 하나님만 바라라. 하나님이 우리를 구원해주시며 하나님이 우리를 살리실 것이다. 혼자 잠잠히 지내는 중에도 그렇게 고백할 뿐만 아니라 서로에게도 그렇게 고백하라.

시편 기자는 지금 어느 특정한 사람이 아니라 하나님의 백성들에게 두루 말하고 있는 것이다. "우리 영혼이 여호와를 바람이여 그는 우리의 도움과 방패시로다." 오직 하나님만을 바라는 거룩한 훈련을 서로 격려하여, 자기 자신뿐만 아니라 형제자매들에게 이렇게 말할 수 있도록 노력하라. “이는 여호와시라. 우리가 그를 기다렸으니 우리는 그의 구원을 기뻐하며 즐거워하리라”(사 25:9).

05 Waiting on God _ Part 2

분을 그치고 불평하지 말며 인내해야 한다

여호와 앞에 잠잠하고 참고 기다리라. 자기 길이 형통하며 악한 꾀를 이루는 자 때문에 불평하지 말지어다. 분을 그치고 노를 버리며 불평하지 말라. 오히려 악을 만들 뿐이라. 진실로 악을 행하는 자들은 끊어질 것이나 여호와를 소망하는 자들은 땅을 차지하리로다. 시편 37:7-9.

"너희의 인내로 너희 영혼을 얻으리라"(눅 21:19). "너희에게 인내가 필요함은 너희가 하나님의 뜻을 행한 후에 약속하신 것을 받기 위함이라"(히 10:36). "인내를 온전히 이루라. 이는 너희로 온전하고 구비하여 조금도 부족함이 없게 하려 함이라"(약 1:4). 이와 같은 성령의 말씀은 그리스도인의 삶과 인내라는 성품에서 무엇이 중요한 요소인지를 우리에게 잘 보여준다. 그리고 인내를 길러주거나 드러내기에 오직 하나님만을 바라는 삶보다 더 좋은 것은 아무것도 없다는 사실을 말해준다. 또한 여기에서 우리는 얼마나 인내하지 못하는 존재인지, 그리고 인내하지 못하는 이유가 무엇인지를 발견하게 된다.

우리는 때때로 자신을 방해하는 사람들과 환경에, 그리고 그리스도인의 삶을 살아가면서 우리의 느린 영적 성장에 제대로 인내하지 못한다고 고백한다. 만약 오직 하나님만을 바라는 일에 진정으로 우리 자신을 준비시키려고 할 때, 우리는 자신이 인내심을 발휘하지 못하는 게 하나님과 관련된 것임을 발견하게 된다. 왜냐하면 하나님은 우리가 바라자마자 즉각적으로 우리의 지시대로 행하시는 분이 아니기 때문이다.

우리의 눈이 열려 하나님의 지혜롭고 주권적인 뜻을 믿을 뿐만 아니라 우리가 점점 더 빨리, 그리고 점점 더 완벽하게 거기에 절대적으로 순복할수록, 점점 더 확실하게 그분의 축복이 우리에게 임할 수 있다는 사실을 바라보게 되는 것은 오직 하나님만을 바라는 것을 통해서다. "그런즉 원하는 자로 말미암음도 아니요 달음박질하는 자로 말미암음도 아니요 오직 긍휼히 여기시는 하나님으로 말미암음이니라"(롬 9:16).

우리는 처음으로 영성생활을 시작할 때와 마찬가지로 지금도 우리의 영성생활을 증진시키거나 강화시키기 위한 능력을 거의 가지고 있지 못하다. 우리는 "혈통으로나 육정으로나 사람의 뜻으로 나지 아니하고 오직 하나님께로부터 난 자들이니라"(요 1:13). 설령 우리가 하나님께로부터 난 자들이라고 할지라도 우리의 의지와 달음박질, 우리의 소원과 노력은 아무것도 이루지 못한다. 왜냐하면 모든 것은 오직 긍휼히 여기시는 하나님으로 말미암기 때문이다.

영성생활을 영위하기 위한 모든 훈련, 곧 우리가 말씀을 읽고 기도하는 것, 의지를 품고 행하는 모든 것은 그 나름대로 굉장히 훌륭한 가치를 지닌다. 그러나 이 모든 것은 이것보다 더 멀리 나아갈 수 없다. 곧 그 모든 것은 오직 하나님만을 바라보고 의지하도록 길을 지시하고, 겸손하게 우리를 준비시키며, 인내하며 하나님의 선하신 때와 긍휼하심을 기다리게 만들 뿐이다.

이처럼 오직 하나님만을 바라는 것은 하나님의 전능하신 일하심을 절대적으로 의존하도록, 그리고 온전한 인내 가운데 우리를 그분의 처분대로 내맡기도록 우리를 가르칠 것이다. 오직 주님만을 바라는 성도들은 땅을 기업으로 차지할 것이다. 약속된 땅과 축복을 물려받게 될 것이다. 상속자는 반드시 기다려야 한다. 상속자는 충분히 기다릴 만한 여유가 있어야 한다.

"여호와 앞에 잠잠하고 참고 기다리라." 새번역에서는 "잠잠히 주님을 바라고 주님만을 애타게 찾아라." 흠정역에서는 "주 안에서 안식하고 끈기 있게 그분을 기다리라"고 번역하고 있다. 이것은 주님 안에서 안식하는 것이다. 주님의 뜻, 주님의 약속, 주님의 신실하심, 그리고 주님의 사랑 안에서 쉬는 것이다.

이것은 쉽게 인내하게 만든다. 그리고 주님 안에서 쉬는 것은 단지 그분에게 침묵을 지키면서 그분 앞에서 잠잠히 머무는 것에 지나지 않는다. 그것은 모든 지각을 뛰어넘는 하나님의 거대한 평강 속에서 우리의 생각과 소원, 경외감과 소망을 차분하고 조용하게 가라앉히는 것이다. 그 평강은 우리가 무언가를 염려하고 있을 때 우리의 마음과 생각을 지켜준다. 왜냐하면 우리는 이미 자신의 요구사항을 주님께 모두 알렸기 때문이다. 그렇기에 그 안식과 침묵과 끈기 있는 기다림은 모두 하나님 안에서 능력과 기쁨을 발견하게 해준다.

인내의 필요성, 그리고 인내의 합리성과 축복은 오직 주님만을 바라고 기다리는 영혼에게 활짝 열릴 것이다. 우리의 인내는 하나님의 인내와 짝을 이루는 상대자로 비칠 것이다. 하나님은 우리가 바랄 수 있는 것보다 훨씬 더 충만하게 우리를 축복하기 원하신다. 그러나 포도원 농부는 열매가 익을 때까지 오래도록 인내해야 한다. 마찬가지로 하나님은 우리의 지지부진함에도 자기 자신을 낮추고서 우리와 함께 오래 참으신다. 이 사실을 기억하면서 우리는 끈기 있게 기다려야 한다. 곧 기도에 관한 모든 약속과 모든 응답에 대하여 이 말씀이 진리로 다가올 때까지 말이다. "그 작은 자가 천 명을 이루겠고 그 약한 자가 강국을 이룰 것이라. 때가 되면 나 여호와가 속히 이루리라"(사 60:22).

"주 안에서 안식하고 끈기 있게 그분을 기다리라." 그렇다. 오직 주님만을 기다려야 한다. 우리는 단지 도움이나 은사만을 구하지 말고 하나님만을 찾아야 하며, 오직 주님만을 기다려야 한다. 주님 안에서 안식하면서, 주님을 완전히 신뢰하면서, 주님을 끈기 있게 기다리면서 하나님께 그분의 영광을 올려드려야 한다.

이 인내는 하나님께 굉장한 영광을 올려드리는 것이다. 인내는 보좌에 앉으신 하나님이 그분의 일을 행하시도록 자리를 내드리는 것이다. 인내는 주님의 손에 자신을 완전히 굴복시키는 것이다. 인내는 하나님으로 하여금 하나님 되게 하는 것이다.

만약 당신이 어떤 특별한 것을 요구하고 싶어 한다면 끈기 있게, 더 끈기 있게 기다려야 한다. 만약 당신이 오직 하나님만을 기다리는 삶을 일상에서 추구하고 훈련한다면 당신은 인내심을 갖고 기다리고, 더 기다려야 한다. 그 인내는 지속적인 습관으로서 우리 영혼에 이루어져야 하는 것이기에 우리는 주님 안에 잠잠히 머물러 있는 동시에 끈기 있게 기다려야 한다. "여호와를 소망하는 자들은 땅을 차지하리로다."

06 Waiting on God _ Part 2

무능함을 인정하고 하나님의 도를 지켜야 한다

여호와를 바라고 그의 도를 지키라. 그리하면 네가 땅을 차지하게 하실 것이라. 악인이 끊어질 때에 네가 똑똑히 보리로다. 시편 37:34.

만약 간절히 만나고 싶은 사람을 찾으려고 한다면 우리는 그 사람을 찾을 수 있는 곳이 어디인지, 어느 길로 가야 하는지를 반드시 확인할 것이다. 이처럼 우리가 오직 하나님만을 바랄 때 우리는 하나님의 길에서 벗어나지 않는지 주의를 기울여야 한다. 왜냐하면 이러한 길을 벗어나서는 결코 하나님을 찾을 수 없기 때문이다.

"주께서 기쁘게 공의를 행하는 자와 주의 길에서 주를 기억하는 자를 선대하시거늘"(사 64:5). 우리는 그분의 길을 벗어나서는 결코 어디에서도 하나님을 만날 수 없다. 그러나 하나님의 길에서 하나님을 찾으면서 끈기 있게 기다리는 영혼은 언제나 가장 확실하게 하나님을 만날 수 있다.

"여호와를 바라고 그의 도를 지키라. 그리하면 네가 땅을 차지하게 하실 것이라"(시 37:34). 우리는 이 두 명령 사이에 얼마나 밀접한 연관성이 있는지 깨달아야 한다. 곧 "여호와를 바라라"는 말씀은 경배와 의향을 나타내는 부분이며, "그분의 길을 지키라"는 말씀은 동행과 사역을 다루는 부분이다. 외적인 삶은 내적인 삶과 조화를 이루어야 하며, 내적인 삶은 외적인 삶에 영감과 힘을 불어넣어야 한다.

우리의 행위를 위하여 말씀에다 길을 밝히 드러내신 분은 바로 하나님이시며, 우리의 마음속에 은혜와 도우심에 관한 확신으로 초대하시는 분 역시 하나님이시다. 만약 우리가 그분의 길을 지키지 않는다면 오직 하나님만을 바라는 우리의 삶은 아무런 축복을 가져오지 못할 것이다. 그분의 온갖 뜻에 전적으로 순종함으로써 자기 자신을 내드리는 것은 하나님과 교제를 나누는 축복으로 완전하게 나아가는 비결이다.

시편 37편에서 이러한 사실이 얼마나 강력하게 드러나고 있는지 주목해보라. 여기서는 제멋대로 자기 길로 나아가 형통한 것처럼 보이는 악인에 관하여 언급하면서, 오히려 성도들에게는 전혀 염려하지 말라고 요청하고 있다. 자기 주변의 사람들이 하나님의 도를 저버리고서도 형통하고 행복하게 살아가는 것처럼 보이는 반면, 우리 자신은 곤경이나 고난에 처하는 모습을 볼 때 우리는 하나님의 공의가 어디에 있는지 의문을 품는 위험에 빠질 수도 있다. 그런 다음에는 점차적으로 다른 사람들과 같은 방식으로 우리의 형통함을 추구하려는 유혹에 빠질 수도 있다.

이에 관한 해답으로 시편 37편에서 기자는 이렇게 말한다.

"불평하지 말며… 시기하지 말지어다"(1절).

"여호와를 의뢰하고 선을 행하라. 땅에 머무는 동안 그의 성실을 먹을거리로 삼을지어다"(3절).

"여호와 앞에 잠잠하고 참고 기다리라. 자기 길이 형통하며 악한 꾀를 이루는 자 때문에 불평하지 말지어다"(7절).

"분을 그치고 노를 버리며 불평하지 말라. 오히려 악을 만들 뿐이라"(8절).

"진실로 악을 행하는 자들은 끊어질 것이나 여호와를 소망하는 자들은 땅을 차지하리로다"(9절).

"악에서 떠나 선을 행하라. 그리하면 영원히 살리니"(27절).

"여호와께서 정의를 사랑하시고 그의 성도를 버리지 아니하심이로다. 그들은 영원히 보호를 받으나 악인의 자손은 끊어지리로다"(28절).

"의인이 땅을 차지함이여 거기서 영원히 살리로다"(29절).

"의인의 입은 지혜로우며 그의 혀는 정의를 말하며 그의 마음에는 하나님의 법이 있으니 그의 걸음은 실족함이 없으리로다"(30-31절).

그 뒤에는 이와 같은 말씀이 뒤따르는데, 이것은 이 시편에서 세 번째 등장하는 말씀이다. "여호와를 바라고 그의 도를 지키라"(34절).

이처럼 하나님이 하라고 요구하시는 것을 우리는 행해야 한다. 그러면 하나님은 우리가 그분에게 간구하는 것보다 훨씬 더 많은 일을 우리에게 행하실 것이다. 더불어 우리는 이와 같은 두려움에 빠지지 않도록 주의해야 한다. 곧 나는 하나님의 길을 지킬 수 없다는 두려움 말이다. 우리에게서 온갖 확신을 빼앗아가는 것은 바로 이런 두려움이다.

우리에게는 하나님의 모든 도를 지킬 만한 능력이 없다. 그러나 하나님의 모든 도를 지키기 위하여 기꺼이 신뢰하는 마음으로, 오직 하나님만을 바라는 데서 찾아오는 능력으로 그분께 우리 자신을 맡긴다면 결코 불가능한 일은 아니다. 아무런 거리낌이나 의심 없이 하나님께 우리 모든 존재를 내드린다면 하나님은 우리에게 그분 자신을 증명해보이실 것이며, 예수 그리스도를 통하여 하나님이 보시기에 기뻐하는 대로 우리 안에서 행하실 것이다.

그러므로 우리는 하나님의 말씀을 통하여 배운 대로 그분의 도를 지켜야 한다. 자연이 가르치는 대로 항상 옳게 보이는 것을 행함으로써 그분의 길을 지켜야 한다. 하나님의 섭리가 지시하는 대로 그분의 길을 지켜야 한다. 성령이 제시하는 대로 그분의 도를 지켜야 한다. 당신이 순종하는 마음으로 그분의 도를 지키지 않으면서도 오직 하나님만을 바란다고 고백한다면 그것은 어불성설이다. 그러나 당신이 아무리 연약하다고 느낄지라도 당신이 기꺼이 순종하고자 한다면 하나님은 그분의 뜻을 따라 그분의 권능으로 반드시 행하실 것이다.

"주를 바라고 그분의 길을 지키라." 이 말씀이 자기 자신의 결점과 죄에 대한 생각 때문에 오히려 하나님만을 바라도록 도와주기보다는 장애물처럼 보일 수도 있다. 그러나 우리는 그렇게 되지 않도록 주의해야 한다. 이처럼 오직 하나님만을 바라는 것의 출발점과 기초는 오직 자신의 절대적인 무기력함에 있다는 사실을 나는 지금까지 계속해서 언급해오지 않았던가? 그런데 왜 우리는 자기 안에서 악하다고 느끼는 모든 것을, 거리낌과 부주의와 불성실에 대한 모든 기억을 가지고 하나님께 나아오지 않는단 말인가? 그렇게 끊임없이 자기 정죄에 빠지게 하는 모든 것을 하나님 앞으로 들고 오지 않는단 말인가? 우리의 알량한 능력을 하나님의 전지전능하심 아래 굴복시키고 오직 하나님만을 바람으로써 우리는 우리의 구원을 발견할 수 있다.

우리의 실패는 단 한 가지 사실 때문이었을 가능성이 매우 높다. 곧 우리는 자신의 힘을 정복하여 그 안에서 순종하려고 애써왔기 때문이다. 오직 그분만이 선하시며, 오직 그분만이 어떤 선한 일을 행하실 수 있는 바로 그 하나님이라는 사실을 깨달을 때까지 우리는 하나님 앞으로 나아가 머리를 조아려야 한다. 우리 안에는, 그리고 자연이 할 수 있는 모든 것에는 진정한 아무런 능력도 없다는 사실을 믿으면서 말이다.

우리는 하나님이 전능하신 은혜와 생명으로 일하시는 순간마다 그분으로부터 받는 것에 만족해야 한다. 그러면 오직 하나님만을 바라는 것이 그분의 길을 달려 나가기 위한 우리의 능력을 새롭게 하여 지치지 않게 할 것이며, 그분의 길을 걸어가면서 결코 낙담하지 않게 할 것이다. "주를 바라고 그분의 길을 지키라"는 말씀은 명령인 동시에 약속이기도 하다.

P·A·R·T·3

은혜의 하나님께 무엇을 구해야 하는가?

01

Waiting on God _ Part 3

우리의 생각으로 하나님을 제한하지 않기를

주여 이제 내가 무엇을 바라리요. 나의 소망은 주께 있나이다. 나를 모든 죄에서 건지시며 우매한 자에게서 욕을 당하지 아니하게 하소서. 시편 39:7-8.

어떤 경우에는 마치 우리가 무엇을 바라고 있는지조차 제대로 알지 못하는 것처럼 느껴질 때가 있다. 다른 경우에는 우리가 무엇인가를 좀 안다고 생각할 수도 있지만 말이다. 그런데 우리가 마땅히 간구해야 할 것을 제대로 알지 못한다는 사실을 깨닫는 것조차도 우리에게 옳게 받아들여질 경우도 있다.

왜냐하면 하나님은 우리가 요청하거나 생각하는 것보다 훨씬 더 풍성하게 우리를 위하여 행하실 수 있는 분이기 때문이다. 그러니까 우리는 자신의 소원과 기도를 자기 자신의 생각에 제한시킴으로써 하나님을 제한하는 위험에 처할 수도 있다는 것이다. 그런 까닭에 때때로 이 시편에서 말씀하는 대로 고백하는 것은 굉장한 일이다. "주여 이제 내가 무엇을 바라리요?" 나는 무슨 말을 해야 할지, 또는 무슨 말을 할 수 있을지 거의 알지 못한다. 내가 할 수 있는 말은 오직 "나의 소망은 주께 있나이다"라는 고백뿐이다.

이스라엘의 경우에서처럼 이렇게 하나님을 제한하는 것을 과연 우리는 어떻게 받아들여야 할까? 모세가 광야에서 이스라엘 백성들에게 식량을 주겠다고 약속했을 때 그 백성들은 의심으로 가득하여 이렇게 말했다. "하나님이 광야에서 식탁을 베푸실 수 있으랴. 보라. 그가 반석을 쳐서 물을 내시니 시내가 넘쳤으나 그가 능히 떡도 주시며 자기 백성을 위하여 고기도 예비하시랴 하였도다"(시 78:19-20).

만약 이스라엘 백성들이 하나님께 사막에서 시냇물을 공급하실 수 있는지 여부를 물어보았더라면 그렇다는 대답을 분명히 들었을 것이다. 하나님은 이전에도 그렇게 하셨으며, 다시금 그렇게 하실 수도 있었다. 그러나 이스라엘 백성들은 자신들의 제한된 생각으로 하나님이 새로운 일을 행하실 수 없다고 하나님을 제한하고 말았다. 이스라엘 백성들의 기대감은 자신들의 과거 경험을 뛰어넘을 수 없었으며, 무한한 가능성이 있음에도 그냥 자기들의 생각에 그대로 머물러 있었다.

비록 이스라엘 백성들이 그렇게 하나님을 제한했다고 하지만, 우리 역시 하나님이 약속하신 일을 행하실 수 있다는 측면에서 우리의 개념으로 하나님을 제한할 수도 있다. 그러므로 우리의 기도 중에도 이스라엘의 거룩하신 분을 제한하지 않도록 주의를 기울여야 한다. 우리가 간구하는 바로 그 하나님의 약속들은 우리의 생각을 훨씬 뛰어넘는 무한한 신적인 의미가 담겨 있다. 하나님이 그 약속을 성취하시는 것은 은혜의 능력과 풍성함으로 우리 안에 있는 가장 원대한 생각을 훨씬 뛰어넘어서 얼마든지 이루어질 수 있다. 그러므로 우리가 필요하다고 생각하는 것뿐 아니라 우리를 위하여 행하시기 위해 준비된 하나님의 모든 은혜와 권능에 대해서도 오직 하나님만을 바라는 습관을 길러야 한다.

모든 참된 기도에는 두 가지 마음이 활동하고 있다. 그 하나는 우리에게 필요한 것과 하나님께 행할 수 있는 것들에 대한 조그맣고 어둡고 인간적인 생각으로 가득한 우리의 마음이다. 다른 하나는 축복을 베풀기 위하여 무한하고 신성한 목적으로 가득한 하나님의 거대한 마음이다. 어떻게 생각하는가? 이 두 마음 가운데 어느 쪽이 하나님께로 가까이 나아가는 과정에서 훨씬 더 커다란 자리를 차지하도록 해야 하겠는가? 두 말할 나위 없이 하나님의 마음이다. 왜냐하면 모든 일이 하나님의 마음을 아는 것과 거기에 얼마나 몰두하느냐에 달려 있기 때문이다.

그러나 이런 일이 얼마나 적게 일어나고 있는가! 이것이 바로 오직 하나님만을 바란다는 것이 우리에게 가르쳐주려고 하는 의미이다. 우리는 이러한 말씀을 통하여 그분에 대하여 간직하고 있는 우리의 개념 중에서 오직 하나님의 놀라운 사랑과 구속만을 생각하도록 해야 한다. 하나님이 우리를 위하여 기꺼이 행하시고자 하는 일에 관한 우리의 이해가 얼마나 부족한지 고백하면서 우리는 기도할 때마다 이렇게 되물어야 한다. "주여 이제 내가 무엇을 바라리요?" 아직도 나의 마음은 하나님의 마음을 알아서 베풀어주시기를 기다리고 있다고 감히 말할 수 없다. "나의 소망은 주께 있나이다!" 그러므로 우리가 요구하고 생각할 수 있는 것보다 더 많이 우리를 위하여 행하실 수 있는 하나님을 오직 바라야 한다.

다음과 같은 말씀을 당신 기도에 적용해보라. "나를 모든 죄에서 건지소서." 당신은 지금까지 자기 성질, 교만, 또는 자기 의지로부터 구원해달라고 기도해왔다. 그게 마치 쓸데없는 것처럼 보인다. 하나님이 행하시는 길이나 정도에 대하여 당신이 자신의 생각에 사로잡혀 있었을 가능성은 없는가? 하나님의 영광의 풍성함을 따라 영광의 하나님을 한 번이라도 바라고 기다렸던가? 인간의 마음으로는 도저히 품을 수 없는 것을 당신에게 행하시려는 바로 그 하나님을 말이다.

이적을 베푸시는 분으로서, 초자연적이고 신적인 것을 행하실 수 있다는 사실을 당신에게 입증하고 싶어 하시는 분으로서 하나님을 경배하는 법을 당신은 배워야 한다. 당신이 신성하고 전능한 일꾼의 손 안에 있다는 사실을 당신의 영혼이 깨달을 때까지 하나님 앞에서 자신을 낮추고 하나님을 기다려야 한다.

당신은 일단 하나님이 무엇을, 어떻게 일하실 것인지에 관하여 배우는 데 전심을 기울여야 한다. 완전히 신적인 것들을 기대하고, 깊은 겸손 가운데 바라야 하는 것들을 기대하며, 그분의 신성한 능력으로만 받을 수 있는 것들을 기대해야 한다.

"주여 이제 내가 무엇을 바라리요? 나의 소망은 주께 있나이다"는 말씀이 모든 갈망과 기도의 영이 되도록 해야 한다. 그러면 하나님은 그분의 때에 그분의 일을 행하실 것이다.

친애하는 영혼이여, 오직 하나님만을 바라는 과정에서 당신은 흔히 무엇을 기대해야 할지 거의 모르기 때문에 쉽게 지칠지도 모른다. 하지만 나는 당신에게 크게 용기를 내라고 격려하고 싶다. 이와 같은 무지는 흔히 가장 멋진 표지 가운데 하나이다. 하나님은 그분의 손에 모든 것을 내려놓도록, 그리고 오직 하나님만을 바라도록 지금 당신을 가르치고 계시기 때문이다. "너는 여호와를 기다릴지어다. 강하고 담대하며 여호와를 기다릴지어다"(시 27:14).

02 Waiting on God _ Part 3

기다림의 학교에서 인내를 배울 수 있기를

내가 여호와를 기다리고 기다렸더니 귀를 기울이사 나의 부르짖음을 들으셨도다. 새 노래 곧 우리 하나님께 올릴 찬송을 내 입에 두셨으니 많은 사람이 보고 두려워하여 여호와를 의지하리로다. 시편 40:1,3.

오직 하나님만을 끈기 있게 바라고 기다려서 얻은, 확실하고 축복된 결과를 경험한 사람을 찾아가 그 간증에 귀를 기울여 보라. 진정한 인내는 자만심으로 가득한 우리의 본성에는 아주 생소한 것이다. 그러나 인내는 오직 하나님만을 바라는 과정에서 너무나 필수불가결한 요소이며, 다시 한번 이 말씀이 우리에게 무엇을 가르쳐주는지 묵상할 수 있도록 도와주는 참된 신앙의 본질적인 요소이다.

인내(patience)라는 단어는 고통(suffering)이라는 라틴어에서 파생된 말이다. 인내란 우리가 거기에서 해방되기를 원하는 어떤 힘의 압박 아래 놓여 있다는 개념을 시사한다. 처음에는 우리가 우리의 의지에 반하여 굴복하였기 때문에 아무리 거기에 저항해봤자 별다른 소용이 없다. 그러나 우리는 경험을 통하여 끈기 있는 인내야말로 우리의 신앙생활에서 가장 현명한 처신이라는 사실을 서서히 깨닫게 된다.

그런데 오직 하나님만을 바라는 과정에서 우리는 하나님의 강압적인 사랑으로 하나님께 순복하는 경우가 있다. 또한 복된 하나님 아버지의 손에 있고 싶어서 스스로 사랑과 기쁨이 넘치는 마음으로 자원하므로 순복하기도 한다. 이것은 굉장히 중대한 결과이다. 그러니까 강압적이든 자발적인 순복이든 간에 인내는 우리에게 가장 지고한 축복인 동시에 가장 지극한 은혜이기 때문이다.

인내는 하나님을 영화롭게 할뿐만 아니라 그분의 도가 우리와 함께 있도록 하나님에게 시간을 내드린다. 인내는 하나님의 선하심과 신실하심 안에서 우리의 믿음을 표현할 수 있는 최고의 방법이다. 인내는 하나님이 그분의 일을 행하고 계신다는 확신을 통하여 우리 영혼에 온전한 안식을 가져온다. 인내는 하나님이 최선이라고 생각하는 방식과 시간에 우리를 온전히 내맡겨야 한다는 사실에 대한 우리의 완전한 동의를 보여주는 증거이다. 참된 인내는 하나님의 완전한 뜻 안에서 우리의 자기 의지를 내려놓는 것이다.

그러한 인내를 위해서는 오직 하나님만을 진실하고 완전하게 바라는 것이 필요하다. 그러한 인내는 기다림의 학교에서 가장 먼저 가르치는 여러 가지 교훈을 통하여 성장하고 열매를 맺게 된다. 수많은 사람에게 진정으로 오직 하나님만을 바라는 게 얼마나 어려운 일인지 이상하게 보일지도 모른다.

우리 영혼이 그 자신의 무기력함에 빠져들어 하나님이 자신을 드러내시도록 기다리는 가운데 하나님 앞에서 절대적으로 잠잠해지는 것, 하나님이 자기 뜻대로 일하시는 것 말고는 다른 어떤 것도 우리의 뜻과 힘으로 무슨 일을 벌이는 것을 두려워하는 깊은 겸손, 하나님이 빛을 비춰주시는 경우 말고는 다른 아무것에도 만족하거나 알고 싶어 하지 않는 온유함, 오직 하나님의 거룩하신 뜻대로 움직이고 빚으실 수 있는 그릇이 되고 싶다는 자기 의지의 전적인 포기 등 이 모든 완전한 포기의 요소들은 우리 영혼에서 즉각적으로 발견되지 않는다.

그러나 우리 영혼이 계속해서 그런 자세를 유지하고 항상 되풀이하여 이렇게 고백한다면 이것들은 우리의 삶에서 어느 정도 구체화될 수 있다. "나의 영혼이 잠잠히 하나님만 바람이여 나의 구원이 그에게서 나오는도다. 오직 그만이 나의 반석이시요 나의 구원이시요 나의 요새이시니 내가 크게 흔들리지 아니하리로다"(시 62:1-2).

인내가 은혜임을 보여주는 어떤 증거가 우리 안에 자리 잡고 있다는 사실을 목격한 적이 있는가? 사도 바울의 다음과 같은 말씀에 따르면 인내로 아주 특별한 은혜를 받아 누리게 된다. "그의 영광의 힘을 따라 모든 능력으로 능하게 하시며 기쁨으로 모든 견딤과 오래 참음에 이르게 하시고"(골 1:11). 그렇다. 우리는 하나님의 영광의 권능에서 흘러나오는 모든 능력으로 강하게 될 필요가 있다.

그와 같은 하나님의 영광에서 흘러나오는 권능의 분량을 따라, 기쁨으로 끝까지 참고 견디는 가운데 오직 하나님만을 바라게 된다면 얼마나 좋겠는가! 우리의 생명과 능력이 온전한 인내로 모든 것을 하나님의 손에 맡겨드릴 수 있을 때 우리 안에서 그분 자신을 드러내는 분이 바로 하나님이시다.

만약 사람들에게 그러한 인내가 없기 때문에 누군가 쉽게 낙담하는 경향을 보인다면 당신은 그 즉시 그 사람들에게 달려가 커다란 용기를 가질 수 있도록 격려해야 한다. 왜냐하면 하나님이 그분의 숨겨진 능력으로 우리를 강하게 하며 우리 안에서 우리의 인내를 키워가는 것은 바로 우리의 연약하고 매우 불완전한 기다림의 과정을 통해서이기 때문이다.

엄청나게 많은 노력을 기울였던 한 사람의 목소리에 한번 귀를 기울여보라. "내가 여호와를 기다리고 기다렸더니 귀를 기울이사 나의 부르짖음을 들으셨도다." 이 사람이 지금까지 어떤 과정을 거쳐 왔는지 귀를 기울여보라. "나를 기가 막힐 웅덩이와 수렁에서 끌어올리시고 내 발을 반석 위에 두사 내 걸음을 견고하게 하셨도다. 새 노래 곧 우리 하나님께 올릴 찬송을 내 입에 두셨으니 많은 사람이 보고 두려워하여 여호와를 의지하리로다"(시 40:2-3). 오직 하나님만을 바라는 인내는 풍성한 보상을 가져온다. 구원은 확실한 것이며 하나님이 당신의 입에 새 노래를 두실 것이다.

당신이 오직 하나님만을 바라기 어렵다고 생각되는 기도와 예배를 훈련하는 과정에서든지, 아니면 명확한 기도 제목에 대하여 아무런 응답 없이 지체되는 경우에서든지, 또는 더 깊은 영성생활에서 하나님의 계시를 바라는 당신의 열망이 성취되는 상황에서든지 간에 참을성 없이 안달하지 말기 바란다. 두려워하지 말고 오직 주님 안에서 안식하면서 끈기 있게 그분만을 바라기 바란다.

그리고 만약 당신이 때때로 인내는 자신의 은사가 아니라고 느낀다면 그것이 하나님의 은사임을 기억하여 다음과 같은 기도를 취하기 바란다. "주께서 너희 마음을 인도하여 하나님의 사랑과 그리스도의 인내에 들어가게 하시기를 원하노라"(살후 3:5). 당신이 인내함으로 오직 하나님만을 바라게 된다면 하나님이 당신을 인도하실 것이다.

03 Waiting on God _ Part 3

하나님의 음성을 경청하고 조언을 기다리기를

그들은 그가 행하신 일을 곧 잊어버리며 그의 가르침을 기다리지 아니하고. 시편 106:13.

이것은 광야에서 하나님의 백성들이 지은 죄에 관한 언급이다. 하나님은 놀라운 방식으로 이스라엘 백성들을 구속하셨으며 놀라운 방식으로 이스라엘 백성들의 모든 필요를 채우기 위하여 준비해 놓으셨다. 그러나 그와 같은 필요의 시기가 닥쳐오자 이스라엘 백성들은 "하나님의 조언을 기다리지 않았다." 이스라엘 백성들은 전능하신 하나님이 인도자와 공급자라고 생각하지 않았으며, 하나님의 계획이 무엇인지를 여쭙지 않았다. 이스라엘 백성들은 그냥 자기 마음에 내키는 대로 생각했으며, 그러한 불신앙으로 하나님을 진노하게 만들었다. "이스라엘 백성들은 하나님의 가르침을 기다리지 않았다!"

그런데 도대체 어떻게 이것이 모든 세대에 걸쳐서 이스라엘 백성들이 저지른 죄가 될 수 있었단 말인가! 가나안 땅에서도, 여호수아 시절에도 우리가 성경에서 읽은 세 번의 유일한 실패는 바로 이 한 가지 죄악 때문이었다. 아이 성을 치러 올라가는 과정에서, 기브온 족속과 언약을 맺는 과정에서, 가나안 전체 지역을 정복하러 올라가지 않고 도중에 그만두는 과정에서 이스라엘 백성들은 하나님의 조언을 기다리지 않았다.

이와 마찬가지로, 심지어 아무리 앞서나가는 성도라 하더라도 이처럼 아주 교묘한 유혹에 빠질 위험에 노출되어 있다. 곧 하나님의 말씀을 취하여 자기 생각대로 그 말씀을 주무르면서 하나님의 조언을 기다리지 않는 태도 말이다. 이 경고를 명심하여 이스라엘 백성들이 우리에게 무엇을 가르쳐주는지 잘 살펴보도록 하자. 그리고 각 개인이 노출되어 있는 위험요소일 뿐만 아니라 하나님의 백성들이 그에 맞서서 집단적인 역량을 발휘하기 위하여 파수꾼을 세워야 할 필요가 있는 위험요소로서 매우 특별하게 그 조급함에 유의하도록 하자.

하나님과 우리의 전반적인 관계는 이 안에서 다스려진다. 곧 하나님의 뜻이 하늘에서 이루어진 것처럼 우리 안에서도, 그리고 우리를 통해서도 이루어진다는 것이다. 하나님은 모든 진리 가운데로 우리를 인도하시는 그분의 성령을 통하여 우리에게 그분의 뜻을 알리겠다고 약속하셨다. 그리고 우리의 위치는 우리의 생각과 행위를 인도하시는 유일한 안내자로서 그분의 조언을 기다리는 자리에 머물러 있어야 한다.

하나님을 위하여 일하는 어떤 영역에서든 혹은 목회자로, 직분자로, 리더로, 관리자로, 위원으로서, 또는 교회 예배에서, 교회 집회에서, 기도회에서, 각종 모임에서 조력자로 봉사를 하든지 간에 우리의 첫 번째 목적은 언제나 하나님의 생각을 확실히 아는 것이어야 한다. 하나님은 언제나 그분의 뜻이 조언하는 바에 따라서 일하시며, 하나님의 뜻이 조언하는 바를 점점 더 많이 추구하고 찾고 영화롭게 할수록 하나님은 점점 더 확실하고 강력하게 우리를 위하여, 그리고 우리를 통하여 그분의 일을 행하신다.

그러한 온갖 집회에서 대두되는 커다란 위험요소는 우리에게 성경이 있다는 의식 속에서, 과거에 하나님의 인도하심을 경험했다는 의식 속에서, 우리의 건전한 신조 속에서, 하나님의 뜻대로 행하고 싶다는 정직한 소원 속에서 우리가 이런 것들을 신뢰하면서 움직인다는 점이다. 하지만 우리는 한 걸음씩 발걸음을 뗄 때마다 우리에게 하늘의 인도하심이 필요하고, 그 인도하심이 있을 수 있다는 사실은 제대로 깨닫지 못하고 있다.

거기에는 아직까지 우리가 제대로 알지 못하는 하나님의 뜻이라는 요소, 하나님의 말씀을 적용하는 요소, 하나님의 친밀한 임재와 인도하심을 경험하는 요소, 하나님의 성령이 권능을 나타내신다는 요소가 자리 잡고 있다. 하나님은 기꺼이 그렇게 하실 수 있다. 아니 하나님은 전적으로 그분의 길을 가도록 내드리는 일에 오직 준비되어 있는 영혼들에게, 그리고 하나님이 그것을 알리시도록 끈기 있게 기다리는 영혼들에게 즐거이 이러한 것들을 활짝 열어놓으실 것이다.

하나님이 행하고 가르치고 베풀어주신 모든 것에 대하여 그분을 찬양하려고 함께 모일 때조차도 우리는 그와 동시에 더 위대한 일들을 기대하지 않음으로써 하나님을 제한할 수 있다. 하나님이 바위에서 물이 나오게 하신 것은 이스라엘 백성들이 양식을 위하여 그분을 제대로 신뢰하지 않았을 때였다. 하나님이 여리고 성을 여호수아의 손에 넘겨주시자 여호수아는 아이 성에 대한 승리를 확신하고서 하나님의 조언을 구하지 않았다. 그런 까닭에 우리가 기대할 수 있는 것에 대하여 하나님의 능력을 알고 신뢰하고 있다고 생각하면서도, 우리는 제대로 시간을 내드리지 않고, 그분의 조언을 바라는 습관을 확실하게 키우지 않음으로써 오히려 하나님을 훼방할 수 있다.

어떤 사역자든지 오직 하나님만을 바라도록 성도들을 가르치는 것보다 더 엄숙한 사명은 없다. 고넬료의 집에서 "베드로가 이 말을 할 때에 성령이 말씀 듣는 모든 사람에게 내려"(행 10:44) 오신 이유는 무엇이었는가? 그 사람들은 "이제 우리는 주께서 당신에게 명하신 모든 것을 듣고자 하여 다 하나님 앞에 있나이다"(행 10:33)라고 말하였다. 만약 하나님의 조언을 기다리지 않는다면, 우리는 영적인 유익이 별로 없는 데도 불구하고 얼마든지 하나님의 진리에 관하여 가장 진지한 설명을 제공하고 경청하기 위하여 모일 수 있다.

그러니까 우리는 모일 때마다 하나님이 예비하셔서 감히 상상할 수도 없는 것들로 우리를 인도하시도록, 기다릴 때마다 하나님의 성도들을 이끄시는 인도자와 교사로서 성령을 전적으로 믿고 의지해야 한다.

하나님의 임재를 깨닫기 위한 영혼의 더 깊은 잠잠함, 하나님의 위대한 계획이 무엇인지에 관한 무지를 훨씬 더 많이 의식함, 하나님이 우리에게 더욱 위대한 일을 보여주셔서 전혀 새로운 영광 속에서 그분 자신을 계시하신다고 확실하게 믿는 믿음에 있어서, "그 사람들이 나의 조언을 바라지 않았다"는 하나님의 질책을 받지 않기 위해서 우리는 더욱더 하나님의 음성을 경청해야 한다. 그리고 묵묵히 하나님의 조언을 기다려야 한다. 이것이 곧 하나님의 사람이라는 표지이다.

04

Waiting on God _ Part 3

단순한 믿음으로 하나님의 은혜를 받아 누리기를

나 곧 내 영혼은 여호와를 기다리며 나는 주의 말씀을 바라는도다. 파수꾼이 아침을 기다림보다 내 영혼이 주를 더 기다리나니 참으로 파수꾼이 아침을 기다림보다 더하도다. 시편 130:5-6.

종종 얼마나 간절하게 아침햇살이 기다려지겠는가! 난파선을 타고 있는 선원이라면, 위험한 나라에서 캄캄한 어둠 속을 헤매는 여행자라면, 온통 적군으로 둘러싸인 병사라면 말이다. 아침햇살은 어디로 도망갈 수 있는지 소망을 보여준다. 아침은 생명과 자유를 가져올 수 있다. 그와 마찬가지로 어둠 가운데 있는 하나님의 성도들은 아침을 기다리는 파수꾼보다 훨씬 더 간절히 하나님의 얼굴에서 흘러나오는 광명을 열망해왔다.

그 성도들은 끊임없이 이렇게 고백했다.

"파수꾼이 아침을 기다림보다 내 영혼이 주를 더 기다리나니 참으로 파수꾼이 아침을 기다림보다 더하도다."

당신도 이렇게 고백할 수 있는가? 당신이 오직 하나님만을 바라는 것에는 단순히 당신 위에, 당신 안에서, 그리고 당신을 통하여 온종일 하나님의 광명이 비치도록 하는 것보다 더 고귀한 목적이 있을 수 없다.

하나님은 빛이시다. 하나님은 태양이시다. 이에 관하여 사도 바울은 이렇게 말했다.

"어두운 데에 빛이 비치라 말씀하셨던 그 하나님께서 예수 그리스도의 얼굴에 있는 하나님의 영광을 아는 빛을 우리 마음에 비추셨느니라"(고후 4:6).

태양이 우리 지구에 아름다운 생명을 나눠주는 빛을 비추는 것과 마찬가지로 하나님은 그분의 아들이신 예수 그리스도 안에서 우리 마음에 그분의 영광과 사랑이라는 빛을 비추어주신다.

우리의 마음은 온종일 자신을 채우고 기쁘게 만드는 빛을 소유하지 않으면 안 된다. 하나님은 우리의 태양이시며 "다시는 네 해가 지지 아니하며 네 달이 물러가지 아니할 것은 여호와가 네 영원한 빛이 되고 네 슬픔의 날이 끝날 것임이라"(사 60:20)고 말씀하셨기 때문에 우리의 마음은 그 빛을 소유할 수 있다. 하나님의 사랑은 끊임없이 우리를 비추고 있다.

그러나 우리가 정말로 온종일 그 빛을 즐길 수 있는가? 물론 그럴 수 있다. 그렇다면 어떻게 그럴 수 있는가? 자연에서 답을 찾아보자. 우리 주변에 온통 펼쳐져 있는 푸른 풀과 아름다운 나무와 꽃들은 자기들에게 태양이 계속 비추도록 하기 위하여 과연 어떻게 하는가? 그것들은 아무것도 하지 않는다. 그것들은 단지 햇빛이 비칠 때 그 햇볕을 쬘 뿐이다. 태양은 아주 멀리 떨어진 곳에 있지만 그 먼 곳에서도 빛과 기쁨을 가져오기 때문에, 아무리 조그맣게 고개를 들어올리는 보잘것없는 들꽃이라도 마치 홍수가 온 땅을 뒤덮는 것과 같은 풍성한 빛과 축복을 받아 누리게 된다.

이름 없고 보잘것없는 들풀조차 이러한데, 하나님의 형상으로 지은바 된 우리를 그냥 놓아두시겠는가? 그러므로 우리는 하루 정도 일하는 데 필요한 빛에 대하여 스스로 염려할 필요가 없다. 왜냐하면 태양이신 하나님이 온종일 우리 주변에서 그 빛을 주관하고 공급하며 비춰주실 것이기 때문이다. 우리는 단순히 그 빛을 기대하고 받아들이고 즐기기만 하면 된다.

자연과 은혜 사이의 유일한 차이는 이것이다. 곧 나무와 꽃들은 빛의 축복을 들이마실 때 무의식적으로 그렇게 하는 반면, 우리는 자발적이고 사랑 넘치는 태도로 그렇게 한다는 것이다. 믿음, 곧 하나님의 말씀을 믿는 단순한 믿음과 사랑은 하나님의 은혜라는 이루 다 말할 수 없는 영광을 받아 누릴 수 있도록 우리의 눈과 마음을 활짝 열어준다. 나무들이 가만히 서서 성장하는 가운데 태양이 어떤 빛을 비추든지 반기면서 날마다 달마다 아름답게 많은 열매를 맺는 것처럼, 단지 하나님의 빛 가운데 거하면서 그 빛과 하나님으로 말미암은 생명과 광채로 우리를 채우도록 내드리는 것이야말로 우리 그리스도인의 삶을 가장 고상하게 만드는 길이다.

그런데 만약 당신이 이렇게 묻는다면 "그러나 아주 자연스럽게 마음으로부터 내가 찬란한 아침햇살의 아름다움을 충분히 인식하고 즐기는 것과 마찬가지로 내가 정말로 온종일 하나님의 빛을 받아 누릴 수 있을까요?" 물론 그렇게 할 수 있다. 나는 아침 식탁에서부터 각종 나무와 들판과 산으로 둘러싸인 아름다운 계곡을 바라본다. 봄과 가을철에는 아침햇살이 너무나 아름다운 나머지 우리는 거의 무심결에 "와, 정말 멋있다!"라고 탄복하게 된다. 그러면서 이런 질문을 떠올린다. '이렇게 지속적인 아름다움과 기쁨을 가져다주는 것이 단지 태양 빛뿐이란 말인가? 끊임없는 기쁨과 즐거움의 원천이나 다름없는 하나님의 빛에 대해서는 정말로 아무것도 준비된 게 없단 말인가?' 아니다. 만약 우리 영혼이 그냥 잠잠히 머물러 있으면서 오직 하나님만을 기다린다면, 그리고 오직 하나님이 빛을 비추도록 한다면 충분히 준비가 된 것이다.

친애하는 영혼이여, 아침을 기다리는 파수꾼보다 더 간절히 오직 하나님만을 바라는 법을 배우라. 당신 안에 있는 모든 것이 아직 매우 어두울 수도 있지만 그게 하나님의 빛을 기다리는 가장 최선의 이유는 아니지 않은가? 처음으로 빛이 떠오르기 시작하면 어둠이 드러나기에 충분한 때가 되었으며, 그러면 당신에게서 밝히 드러나는 죄로 말미암아 고통스러울 정도로 겸손해질 수밖에 없다.

당신은 그 빛이 어둠을 내쫓을 수 있다고 신뢰할 수 있는가? 그렇게 되리라고 확실하게 믿으라. 이제부터라도 하나님 앞에 잠잠히 머리를 조아리고 당신 안에 빛을 비추시도록 오직 하나님만을 바라도록 하라. 겸손한 믿음으로 하나님은 태양보다도 더 무한히 밝고 아름다운 빛이시라고 고백하라. 하나님은 빛이요 아버지시다. 영원한 빛, 가까이 다가가기 어려운 빛, 쉽게 이해할 수 없는 빛이요 아들이시다. 집중된 빛, 체화된 빛, 현현한 빛이신 성령은 우리 마음 안에 들어와서 내주하시는 빛이다. 하나님은 빛이시며, 여기서 내 마음을 비추시는 빛이다.

나는 지금까지 내 생각과 노력의 촛불에 너무나 사로잡힌 나머지 한번도 하나님의 빛이 안으로 들어오도록 내 마음의 덧문을 열어준 적이 없었다. 불신앙이 그 빛을 계속해서 몰아내었기 때문이다. 이제 나는 믿음으로 머리를 숙인다. "빛이신 하나님이여, 내 마음속으로 들어와 빛을 비추소서." 사도 바울이 "하나님의 영광을 아는 빛을 우리 마음에 비추셨다"라고 기록한 바로 그 하나님이 나의 하나님이시다. 빛을 비추지 않는 태양이라면 과연 어떻게 생각하겠는가? 빛을 비추시지 않는 하나님이라면 과연 어떻게 받아들여야 하는가?

그런데 그것이 아니다. 하나님은 빛을 비춰주신다! 하나님은 광명이시다. 나는 시간을 갖고 그냥 잠잠히 서 있으면서 하나님의 빛 안에서 평안히 쉬면 된다. 내 눈이 약하고 내 마음의 창문이 흐릿하지만 나는 오직 하나님만을 바랄 것이다. 그 광명은 빛을 비춰주실 것이며 그 광명은 내 안에 충만한 빛을 비춰주실 것이다. 그리고 나는 온종일 하나님의 빛과 기쁨 안에서 걸어가는 법을 배울 것이다. 내 영혼은 아침을 기다리는 파수꾼보다 더 간절히 오직 하나님만을 바랄 것이다.

05 Waiting on God _ Part 3

책임이 따르는 중보자의 특권을 받아 행하기를

이제 야곱의 집에 대하여 얼굴을 가리시는 여호와를 나는 기다리며 그를 바라보리라. 이사야 8:17.

여기서 우리는 자기 자신을 위해서가 아니라 하나님이 그분의 얼굴을 가리고 계셨던 백성을 위하여 오직 하나님만을 바라고 있는 종을 만난다. 비록 그것이 우리의 개인적인 필요를 채우기 시작할지라도, 하나님의 계시를 바라는 소망을 채우기 시작할지라도, 또는 개인적인 간구에 대한 응답을 바라는 소원을 채우기 시작할지라도 그것은 어떻게 오직 하나님만을 바라는 것이 거기서 멈추어서는 안 되는지를 우리에게 알려준다.

우리는 하나님의 얼굴이라는 충만한 빛 가운데서 걸어가고 있을 수 있지만 하나님은 여전히 우리의 주변에 있는 그분의 백성들에게 자기의 얼굴을 가리고 계실 수도 있다. 이것은 단지 그 사람들의 죄에 대한 징계일 뿐이라거나 무관심에 따른 결과일 뿐이라고 생각해서는 안 된다. 오히려 우리는 그 사람들의 슬픈 상태를 생각하면서 그 사람들을 대신하여 오직 하나님만을 바라는 부드러운 마음을 가지라는 부르심을 받고 있다.

오직 하나님만을 기다리는 특권은 엄청난 책임이 따르는 특권이다. 심지어 그리스도께서도 하나님의 임재 안으로 들어가셨을 때 중보자로서 특권과 영광의 자리를 즉각적으로 활용하셨다. 이처럼 만약 우리가 하나님의 임재 안으로 들어가서 오직 하나님만을 바라는 게 무엇인지를 제대로 알게 된다면 우리 역시 그다지 호감을 갖지 않는 사람들을 위한 중보를 하기 위하여 하나님께 다가갈 수 있는 권리를 활용해야 한다. "이제 야곱의 집에 대하여 얼굴을 가리시는 여호와를 나는 기다리며 그를 바라보리라."

당신은 어느 특정한 회중과 함께 하나님을 예배한다. 그런데 거기에는 당신이 원하는 설교나 교제로 들어갈 수 있을 만큼 충분한 영성생활이나 기쁨이 없을 수도 있다. 당신은 많은 사람과 함께 어느 한 교회에 소속되어 있다. 그런데 우리는 거기에서 회심이나 진정한 교화를 위한 별다른 능력이 없다는 사실을 발견할 수 있다. 또한 거기에서 온갖 인간적인 지혜와 문화, 또는 의식을 신뢰하는 엄청난 오류와 세속주의를 발견할 수도 있다. 즉 우리는 거기에서 하나님이 그분의 얼굴을 가리고 계시는 모습을 발견할 수도 있는 것이다.

그러니까 당신이 연결되어 함께 일하는 주일학교, 복음전도단, 청년연합회, 해외선교사역 등에는 여러 갈래의 그리스도인들이 있다. 거기에서 성령의 일하심이 희미하게 나타나는 것은 하나님이 그분의 얼굴을 가리고 계심을 가리키는 표지일 것이다. 당신도 역시 그 이유를 너무나 잘 알고 있다. 거기에는 인간과 돈에 대한 지나친 신뢰, 너무나 지나친 형식주의와 자기 탐닉, 믿음과 기도의 너무나 지나친 부족, 사랑과 겸손의 너무나 지나친 결여, 십자가에 달리신 예수님의 영이 너무나 지나칠 정도로 결핍된 상태가 자리 잡고 있다. 그래서 때때로 당신은 마치 모든 것이 절망적이고 아무런 도움이 되지 않을 것처럼 느끼기도 할 것이다.

그러나 오직 하나님이 우리를 도우실 수 있으며, 도우실 것이라고 믿으라. 당신이 하나님의 그릇된 백성들을 대신하여 오직 하나님만을 바라도록 자기 자신을 준비시키면서 그분의 말씀을 소중히 여길 때 선지자의 영이 당신 안으로 들어올 것이다. 판단이나 비난하는 말투, 낙담이나 의기소침한 언행 대신에 오직 하나님만을 바라라는 당신을 향한 부르심을 깨닫도록 하라. 만약 다른 믿음의 사람들이 그렇게 하지 못하고 있다면 당신은 갑절로 그렇게 해야 한다. 어둠이 깊을수록 오직 한 사람의 구원자에 대한 필요는 점점 더 커지게 된다.

우리 주변의 사람들은 자신이 영적으로 가난하고 불쌍하며 눈 먼 상태에 있다는 사실을 제대로 알아차리지 못하고 있다. 그리고 스스로의 확신으로 점점 더 커다란 악을 저지르고 있다. 만약 당신이 이 사실을 목격하고 우리를 도우실 수 있는 유일한 분이 하나님 한 분뿐이라는 사실을 알고, 또한 그분께 가까이 다가갈 수 있다고 고백한다면 당신은 오직 하나님만을 바라는 자리로 나아가라는 부르심을 훨씬 더 절박하게 듣게 될 것이다. 하지만 당신이 한숨을 내쉴 수밖에 없도록 유혹하는 각각의 새로운 상황을 마주칠 때마다 이렇게 고백하도록 하라. "이제 야곱의 집에 대하여 얼굴을 가리시는 여호와를 나는 기다리며 그를 바라보리라."

그러나 더 커다란 범주가 여전히 도사리고 있다. 곧 전 세계의 기독교회이다. 그리스 정교회, 로마 가톨릭교회, 그리고 개신교회 등. 또한 각 교회에 소속된 수백만 사람들의 상태를 한번 생각해보라. 또한 각각의 공적인 성경과 정통 신조를 견지하는 개신교회들만이라도 한번 생각해보라. 얼마나 많은 명목적인 신앙고백과 형식주의가 자리 잡고 있는지, 그리고 하나님의 성전 안에 얼마나 많은 육신적이고 인간적인 규칙들이 도사리고 있는지, 그리고 하나님이 그분의 얼굴을 가리고 계신다는 증거가 도처에 얼마나 많이 산재해 있는지!

이것을 목격하고 애통해하는 사람들이 과연 무엇을 해야 하는가? 가장 먼저 이루어져야 하는 일은 이것이다. "이제 야곱의 집에 대하여 얼굴을 가리시는 여호와를 나는 기다리며 그를 바라보리라." 하나님의 백성들이 저지르는 죄악에 대하여 겸손한 고백으로 오직 하나님만을 바라도록 하자. 시간을 가지고 이와 같은 훈련에 매진하면서 오직 하나님만을 바라도록 하자. 그 사람들의 삶이나 가르침이 아무리 그릇된 것처럼 보일지라도 모든 성도, 곧 우리의 사랑하는 형제자매들을 위하여 부드럽고 사랑스러운 중보기도로 오직 하나님만을 기다리도록 하자.

하나님이 듣고 계신다는 사실을 우리에게 보여주실 때까지 믿음과 기대하는 마음으로 오직 하나님만을 기다리도록 하자. 자신을 하나님께 단순히 내드리면서 오직 하나님만을 바라도록 하자. 하나님이 우리 형제자매들에게 우리를 보내시리라는 간절한 기도로 오직 하나님만을 바라도록 하자. 하나님이 시온에게 이 땅의 기쁨을 허락하실 때까지 오직 하나님만을 바라면서 그분이 전혀 쉬지 못하도록 간구하자.

그렇다. 주님 안에 쉬면서 너무나 많은 그분의 자녀에게 얼굴을 가리고 계시는 하나님을 끈기 있게 기다리도록 하자. 그리고 우리가 그분의 모든 자녀를 위하여 그분의 얼굴에서 나오는 광채를 흘려보내라고 외치도록 하자. "나 곧 내 영혼은 여호와를 기다리며 나는 주의 말씀을 바라는도다. 파수꾼이 아침을 기다림보다 내 영혼이 주를 더 기다리나니 참으로 파수꾼이 아침을 기다림보다 더하도다"(시 130:5-6).

06

Waiting on God _ Part 3

한마음으로 하나님의 임재를 확신하기를

그날에 말하기를 이는 우리의 하나님이시라. 우리가 그를 기다렸으니 그가 우리를 구원하시리로다. 이는 여호와시라. 우리가 그를 기다렸으니 우리는 그의 구원을 기뻐하며 즐거워하리라. 이사야 25:9.

이 본문에는 두 가지 소중한 사상이 오롯이 자리 잡고 있다. 하나는 동일한 마음으로 오직 하나님만을 기다리고 있는 그분의 백성들에 관한 표현이고, 다른 하나는 오직 하나님만을 기다린 열매로서 하나님이 너무나 확실하게 그분 자신을 계시하셔서 그 사람들이 기쁘게 "이는 우리의 하나님이시라. 이는 여호와시라"고 고백할 수 있었다는 점이다. 한마음으로 연합하여 오직 하나님만을 기다림으로써 받은 능력과 축복은 지금도 우리가 충분히 배울 필요가 있는 것이다.

여기서 우리는 "우리가 그를 기다렸으니"라는 구절이 두 번이나 반복되고 있다는 사실에 주목해야 한다. 고난을 겪는 시기에는 그분의 백성들이 마음을 한데 뭉쳐서 온갖 인간적인 기대나 도움을 중단하고 한마음으로 자기네 하나님을 바라도록 준비시키게 된다. 이거야말로 우리 교회와 기도회 등에서 필요한 게 아닌가? 지금 교회와 온 세상의 필요가 그런 모습을 요구하기에 충분하지 않은가? 그리스도의 교회 안에 어떤 인간적인 지혜로도 필적할 수 없는 악이 도사리고 있지 않은가? 우리 교회에서 능력을 온통 빼앗아가는 의식주의와 합리주의, 형식주의와 세속주의가 자리 잡고 있지 않은가? 우리는 문화와 돈과 쾌락이 영성생활을 위협하도록 내버려두고 있지 않은가?

교회의 능력이 기독교 국가와 이방 세계에서 횡행하는 불신앙과 불법과 비참함의 능력에 맞서기에 전적으로 부적절해 보이지 않는가? 그리고 교회로 하여금 하나님이 교회에게 기대하시는 모든 일을 행하도록 도와주는 예비하심을 도무지 찾아볼 수 없지 않은가? 또한 꼭 필요한 축복인 것처럼 보이는 그분의 성령이 가장 확실하게 공급하시도록 하기 위하여 한마음으로 연합하여 오직 하나님만을 기다리는 일을 거의 찾아볼 수 없지 않은가? 지금 우리는 그렇게 회의적일 수밖에 없다.

더욱 명확하게 오직 하나님만을 바란다는 목표를 세우는 것은 우리가 벌이는 각종 집회에서와 마찬가지로 개인적인 예배에서도 동일하다. 그것은 하나님이 그 모든 것을 행하셔야 하고, 또 그렇게 행하실 것이라고 더욱 깊이 확신한다는 뜻이다. 그것은 우리 자신의 깊은 무기력함으로 더욱 겸손하게 지속적으로 들어가 전적으로 끊임없이 하나님을 의뢰할 필요가 있다는 뜻이다.

우리에게 필요한 본질적인 임무는 하나님께 영광과 권능의 자리를 내드리는 것임을 더욱 생생하게 인식해야 한다. 우리는 오직 하나님만을 바라는 사람들에게 하나님이 성령을 통하여 우리를 받아들이실 뿐만 아니라 그분의 임재를 허락하시며, 그런 다음에는 적절한 때가 이르면 그분의 구원하시는 능력을 계시하신다는 확신 가운데 기대감을 가져야 한다.

각 사람이 하나님의 임재를 깊이 인식하는 상태에서 기도하고 예배하는 자리로 나아가는 동행인으로 변하여 저마다 거기에 동참할 때, 하나님이 그분의 구원을 이루어가시는 동안 이 위대한 목표는 각 사람에게 하나님을 만난다는 의식, 하나님께 온갖 기도 제목을 올려드렸다는 의식, 그런 다음에는 이제 잠잠한 가운데 가만히 기다린다는 의식으로 자리 잡게 될 것이다.

앞의 이사야 25장 9절 말씀에서 가리키는 것이 바로 이와 같은 경험이다. 이 말씀이 성취되는 것은 때때로 하나님의 권능에 너무나 놀랍게 몰입한 나머지 모든 사람이 "보라. 이는 우리의 하나님이시라. 이는 여호와시라"고 부르짖는 가운데 동참할 수 있을 때이다. 각 사람은 영적인 경험을 통하여 하나님의 백성들이 오직 그분만을 바라는 과정에서 하나님의 임재를 너무나 생생하게 의식한 나머지 거룩한 경외감으로 "보라. 이는 우리의 하나님이시라. 이는 여호와시라"고 외칠 수밖에 없었던 것과 동일한 경험을 누릴 수 있게 된다.

슬프게도 이와 같은 경험은 예배를 위하여 모이는 우리의 집회에서 너무나 상실되어 있다. 경건한 사역자에게 자기 성도들이 하나님을 만나도록 인도하는 것보다 더 어렵고 더 엄숙하고 더 복된 사명은 없다. 그러니까 말씀을 전파하기 전에 그 사역자는 각 사람으로 하여금 하나님과 접촉하도록 이끌어야 한다. “이제 우리는 주께서 당신에게 명하신 모든 것을 듣고자 하여 다 하나님 앞에 있나이다”(행 10:33). 고넬료의 이와 같은 말은 베드로의 설교를 듣고자 모인 청중들이 얼마나 성령님의 임재하심에 대하여 준비되어 있었는지를 잘 보여준다. 하나님 앞에서 기다리는 것, 하나님을 위하여 기다리는 것, 하나님에 관하여 기다리는 것은 하나님의 임재를 보여주기 위한 그분의 조건이다.

그러므로 우리는 믿음의 형제자매들과 함께 오직 하나님만을 바란다는 한 가지 목적으로 모여서 기도하고 서로 도우며, 격려하고 서로 돌아보면서 하나님의 뜻에 대하여 어떤 일이나 그 일을 이루는 방법을 새롭게 보여주실 수 있도록 마음을 열어 하나님만 바라야 한다. 그럴 때 우리는 곧바로 이렇게 고백할 만한 충분한 이유를 가질 수 있을 것이다. “그날에 말하기를 이는 우리의 하나님이시라. 우리가 그를 기다렸으니 그가 우리를 구원하시리로다. 이는 여호와시라. 우리가 그를 기다렸으니 우리는 그의 구원을 기뻐하며 즐거워하리라.”

P·A·R·T·4

우리는 왜 하나님만 바라야 하는가?

01

Waiting on God _ Part 4

긍휼과 공의로 심판하시는 분이기에

여호와여 주께서 심판하시는 길에서 우리가 주를 기다렸사오며 주의 이름을 위하여 또 주를 기억하려고 우리 영혼이 사모하나이다. 밤에 내 영혼이 주를 사모하였사온즉 내 중심이 주를 간절히 구하오리니 이는 주께서 땅에서 심판하시는 때에 세계의 거민이 의를 배움이니이다. 이사야 26:8-9.
그러나 여호와께서 기다리시나니 이는 너희에게 은혜를 베풀려 하심이요 일어나시리니 이는 너희를 긍휼히 여기려 하심이라. 대저 여호와는 정의의 하나님이심이라. 그를 기다리는 자마다 복이 있도다. 이사야 30:18.

하나님은 긍휼의 하나님인 동시에 심판의 하나님이시다. 긍휼과 심판은 하나님의 행하심에 있어서 영원히 함께할 것이다. 홍수사건에서, 이집트에서 이스라엘을 구원하는 과정에서, 가나안 족속을 몰아내는 정복전쟁에서 우리는 끊임없이 심판 중에도 긍휼을 베푸시는 하나님을 목격했다. 이런 것들과 관련하여 하나님의 백성들 안에서 역시 그런 현상을 목격하게 된다.

심판은 죄악을 징벌하는 반면 긍휼은 죄인을 구원한다. 또한 죄악에 대해 내렸던 "바로 그 심판에도 불구하고"라기보다는 "바로 그 심판으로 말미암아" 오히려 긍휼은 죄인을 구원한다. 오직 하나님만을 바라는 과정에서 우리는 심판의 주님으로서의 하나님을 잊어버리지 않도록 주의를 기울여야 한다. 오직 하나님만을 바랄 때 우리는 심판의 하나님이신 그분을 기대해야 한다.

"여호와여 주께서 심판하시는 길에서 우리가 주를 기다렸사오며." 이 말씀은 우리의 내적인 경험을 통하여 진실로 증명될 것이다. 만약 우리가 정직하게 거룩함을 열망한다면, 기도하는 가운데 전적으로 주님의 거룩함이 있기를 갈망한다면 하나님의 거룩한 임재는 숨겨진 죄악을 뒤흔들어 밖으로 훤히 드러나게 할 것이다. 그리고 우리 본성은 하나님의 법을 반대하거나 그 법을 성취할 능력이 없다는 사실을 쓰라린 마음으로 확신하는 가운데 아주 낮은 자리로 우리를 이끌 것이다.

그리하여 다음과 같은 말씀이 진실로 드러나게 할 것이다. "그가 임하시는 날을 누가 능히 당하며 그가 나타나는 때에 누가 능히 서리요. 그는 금을 연단하는 자의 불과 표백하는 자의 잿물과 같을 것이라"(말 3:2). "원하건대 주는 하늘을 가르고 강림하시고 주 앞에서 산들이 진동하기를 불이 섶을 사르며 불이 물을 끓임 같게 하사 주의 원수들이 주의 이름을 알게 하시며 이방 나라들로 주 앞에서 떨게 하옵소서"(사 64:1-2).

죄가 우리로 하여금 그 사악함과 죗값을 강하게 느끼게 만들 때 하나님은 엄청난 긍휼하심과 더불어 죄에 대한 그분의 심판을 우리 영혼 안에서 실행하실 것이다. 그럴 때 수많은 사람은 이러한 심판에서 도망치려고 애쓸 것이다. 하지만 하나님을 갈망하며 죄악으로부터 구원되기를 열망하는 영혼은 겸손과 소망 가운데 그 아래서 머리를 조아릴 것이다.

그러면서 우리 영혼은 침묵 속에서 이렇게 외칠 것이다. "여호와여 일어나사 주의 대적들을 흩으시고 주를 미워하는 자가 주 앞에서 도망하게 하소서"(민 10:35). "여호와여 주께서 심판하시는 길에서 우리가 주를 기다렸사오며 주의 이름을 위하여 또 주를 기억하려고 우리 영혼이 사모하나이다"(사 26:8).

오직 하나님만을 바라는 복된 기술을 추구하는 사람은 오직 하나님만을 바라는 기도가 처음부터 더 많은 죄악과 어둠을 드러내지나 않을지에 관하여 염려하지 않도록 주의해야 한다. 누구도 정복되지 않은 죄악, 악한 생각, 또는 거대한 어둠이 하나님의 얼굴을 가리는 것처럼 보이기 때문에 절망하지 않도록 주의해야 한다.

갈보리 십자가상에서 하나님의 긍휼하심을 가져오는 선물이자, 이를 짊어지는 자로서 하나님의 사랑하는 아들 안에는 심판으로 말미암아 가려지고 잃어버린 긍휼이 자리 잡고 있지 않았던가! 당신은 온갖 죄악을 징벌하시는 하나님의 심판 아래로 자신을 내드리고 깊이 가라앉혀야 한다. 기록된바 "시온은 정의로 구속함을 받고 그 돌아온 자들은 공의로 구속함을 받으리라"(사 1:27). 그러므로 우리는 하나님의 온유한 긍휼하심이 심판 중에도 그분의 구속을 이루어가신다는 사실을 믿는 믿음으로 오직 하나님만을 바라야 한다. 하나님이 당신에게 은혜를 베푸실 것이다.

여기에는 말할 수 없을 정도의 엄숙함을 드러내는 것으로서 또 다른 적용점이 여전히 남아 있다. 우리는 하나님이 심판이라는 방식으로 그분의 땅을 찾아오신다고 기대하고 있다. 그래서 우리는 오직 하나님만을 바라고 있다. 이 얼마나 놀라운 생각인가! 우리는 모두 자신에게 다가오는 이러한 심판에 관하여 아주 잘 알고 있다.

우리는 부주의한 가운데 살아가면서 아무런 변화가 없다면 하나님의 손길 아래서 멸망할 수밖에 없는, 그럼에도 여전히 그리스도인이라고 고백하는 수많은 사람이 있음을 잘 알고 있다. 하나님이 이 사람들에게 긍휼을 베푸실 수 있다면 우리가 그 사람들에게 경고하고 그 사람들과 더불어, 그리고 그 사람들을 위한 간구를 하기 위하여 최대한 노력을 기울이지 않겠는가!

만약 우리가 담대함과 열정과 능력이 부족하다고 느낀다면 심판의 하나님이신 그분을 더욱 확실하고 끈질기게 기다리지 않겠는가? 심판 가운데 자기 자신을 너무나 명확하게 계시하시는 하나님께 우리 친구들에게 찾아오셔서 하나님을 향한 새로운 경외감을 가질 수 있도록, 지금까지 이전에는 한번도 시도하지 않은 방식으로 억지로라도 강청하지 않겠는가?

진실로 오직 하나님을 바라는 것은 영적인 자기 탐닉에 빠져든다는 의미가 아니다. 그 목적은 하나님과 그분의 거룩함으로 하여금, 갈보리 십자가상에서 죽은 그리스도와 그분의 사랑으로 하여금, 하늘에서 타올라 이 땅으로 내려온 성령님과 그 성령의 불길로 하여금, 우리를 소유하여 우리가 심판하시는 분으로서 오직 하나님만을 바라고 있다는 메시지를 다른 사람들에게 경고하고 일깨우도록 하기 위함이다. 오, 그리스도인이여! 당신은 정말로 심판의 하나님을 믿고 있음을 삶 속에서 입증해보여야 한다!

02 Waiting on God _ Part 4

우리를 기다리신다는 놀라운 확신 때문에

그러나 여호와께서 기다리시나니 이는 너희에게 은혜를 베풀려 하심이요 일어나시리니 이는 너희를 긍휼히 여기려 하심이라. 대저 여호와는 정의의 하나님이심이라. 그를 기다리는 자마다 복이 있도다. 이사야 30:18.

우리는 오직 하나님만을 기다리는 것에 대하여 생각해야 할 뿐만 아니라 그보다 훨씬 더 놀랍고 멋진 것들에 관해서도 생각해야 한다. 곧 하나님도 우리를 기다리신다는 사실이다. 하나님이 우리를 기다리신다는 이상은 하나님을 기다리는 우리에게 새로운 자극과 영감을 불어넣을 것이다. 그것은 우리의 기다림이 쓸모없는 게 아니라는 놀라운 확신을 우리에게 제공한다.

만약 하나님이 우리를 기다리신다면 그냥 환영받는 정도를 훨씬 넘어설 것이라고 확신할 수 있다. 그러니까 하나님은 자신을 찾고 있는 사람들을 즐거이 찾고 계신다. 심지어 지금 이 순간에도 겸손하게 오직 하나님만을 기다리는 영으로 제대로 의미 있는 것을 찾아내기 위하여 열심히 노력하신다. "그러나 여호와께서 기다리시나니 이는 너희에게 은혜를 베풀려 하심이요." 그러면 우리는 "대저 여호와는 정의의 하나님이심이라. 그를 기다리는 자마다 복이 있도다"라는 메시지를 되돌려 받을 것이다.

보좌에 앉은 위대하신 하나님을 바라보도록 하라. 하나님은 사랑이시며, 모든 피조물에게 자신의 선하심과 복되심을 끊임없이 전달하려는 놀라운 열망을 간직하고 계신다. 하나님은 복주시기를 열망하고 기뻐하신다. 하나님은 그분의 자녀들 한 사람 한 사람에 대하여 그분의 성령이 베푸시는 권능으로 말미암아 각 사람에게 그분의 사랑과 능력을 드러내시겠다는 영광스러운 목적을 가지고 계신다. 하나님은 아버지의 심장을 가득 채우는 온갖 열망으로 기다리고 계신다. 하나님은 당신에게 은혜 베풀 수 있기를 기다리고 계신다.

그래서 당신이 하나님을 기다리거나 일상생활에서 그분을 기다리는 거룩한 습관을 유지하려고 애쓸 때마다 당신은 자신을 만나기 위하여 준비하고 계신 하나님을 바라보게 될 것이다. 하나님도 기다리고 계실 것이기 때문에 하나님은 당신에게 얼마든지 은혜를 베푸실 수 있다. 그렇다. 우리는 하나님이 우리를 기다리고 계신다는 사실에 대한 믿음 이상으로 오직 하나님만을 기다리는 삶에 관한 모든 훈련, 온갖 호흡을 서로 연결시켜야 한다.

그런데 만약 당신이 이렇게 묻는다면 "하나님이 은혜를 베풀기 위하여 기다리고 계신다는데, 심지어 내가 하나님께로 나아와 그분을 기다린 이후에도 하나님이 내가 추구하는 도움을 주시지 않고 한없이 오랫동안 기다리기만 해야 한다면 도대체 어떻게 되는 것인가?" 여기에는 이중적인 대답이 가능하다.

하나는 이것이다. 하나님은 지혜로운 포도원 농부시라 "농부가 땅에서 나는 귀한 열매를 바라고 길이 참아 이른 비와 늦은 비를 기다리나니"(약 5:7). 하나님은 열매가 다 익을 때까지 거두지 않으신다. 하나님은 언제 우리가 영적인 유익을 충분히 얻을 수 있을 만큼 그분의 축복과 영광을 받을 준비가 되어 있는지 잘 알고 계신다. 하나님이 베푸시는 사랑의 햇빛을 바라는 것은 그분의 축복을 받을 수 있도록 우리의 영혼을 숙성시킨다.

갑자기 축복의 소나기를 몰고 오는 시험의 먹구름 아래서 기다리는 것은 반드시 필요한 과정이다. 당신이 생각하는 것보다 훨씬 더 오래 하나님이 기다리신다면 그것은 갑절로 소중한 축복을 가져오게 할 것이다. 하나님은 그분의 아들을 보낼 때가 차기까지 수천 년이나 기다리셨다. 우리의 시간은 하나님의 손에 있다. 하나님은 그분이 택하신 자들에게 신속하게 갚아주실 것이다. 하나님은 서둘러서 우리를 도와주실 것이며 너무 오래도록 지체하시지 않을 것이다.

또 다른 대답은 이전부터 지금까지 이야기한 것을 가리킨다. 선물을 주는 자가 선물보다 더 귀하다. 하나님이 축복보다 더 소중하다. 그리고 우리가 계속해서 하나님을 기다리는 것은 그분 안에서 생명과 기쁨을 찾는 법을 배우는 유일한 방법이다. 오, 하나님의 자녀들이 얼마나 영광스러운 하나님을 소유하고 있는지, 하나님과 교제하면서 연결되는 것이 얼마나 놀라운 특권인지 깨닫기만 한다면 우리는 기꺼이 하나님을 즐거워할 수밖에 없을 것이다!

심지어 하나님이 그 자녀들로 하여금 계속해서 기다리게 만들더라도 그 어느 때보다도 더 잘 이해하는 법을 배우게 될 것이다. "그러나 여호와께서 기다리시나니 이는 너희에게 은혜를 베풀려 하심이요." 하나님이 기다리고 계신다는 사실은 하나님이 은혜를 베푸신다는 사실에 관한 최고의 증거가 된다.

"대저 여호와는 정의의 하나님이심이라. 그를 기다리는 자마다 복이 있도다." 여왕에게는 시중드는 여종들이 있다. 여왕의 위치는 복종과 섬김을 받는 자리이기도 하지만, 지혜롭고 은혜로운 주권을 행사하여 수많은 동료와 친구들을 만들 수 있기 때문에 지고한 존엄과 특권을 가진 자리라고 여겨진다. 영존하시는 하나님을 시중드는 신하가 되는 것이, 하나님의 뜻이나 은총을 가리키는 징표를 기다리는 파수꾼이 되는 것이, 언제나 하나님의 친밀하심, 하나님의 선하심, 하나님의 은혜를 의식하는 것이 얼마나 커다란 존엄과 축복이란 말인가!

"기다리는 자들에게나 구하는 영혼들에게 여호와는 선하시도다"(애 3:25). "하나님을 기다리는 자마다 복이 있도다." 그렇다. 기다리는 영혼과 기다리는 하나님이 서로 만날 때 그것은 복되다. 하나님은 스스로 일하실 수 없으며, 우리가 그분의 때를 기다리지 않는다면 그분의 일을 하실 수 없다. 기다리는 것이 하나님의 일인 것처럼 기다리는 것이 우리의 일이 되어야 한다.

그러니까 하나님의 기다림이 단지 그분의 선하심과 은혜로우심에 지나지 않는다면 우리의 기다림 역시 그 선하심을 즐기며 그 은혜를 확신 있게 기대하는 것에 지나지 않도록 해야 한다. 그리고 기다림에 관한 모든 생각이 아무것도 섞이지 않은 순전한 축복의 간단한 표현이 되도록 해야 한다. 왜냐하면 그것은 우리를 기다리시는 하나님에게로 이끌어가 그분이 자기 자신을 은혜로우신 분으로 완벽하게 드러내실 수 있게 하기 때문이다.

03 Waiting on God _ Part 4

하나님을 앙망하는 자는 새 힘을 얻기에

오직 여호와를 앙망하는 자는 새 힘을 얻으리니 독수리가 날개 치며 올라감 같을 것이요 달음박질하여도 곤비하지 아니하겠고 걸어가도 피곤하지 아니하리로다. 이사야 40:31.

앙망한다는 것은 우리가 앙망하는 대상에 관하여 어떻게 생각하는지 알려준다. 우리가 하나님을 앙망한다는 것은 하나님의 존재에 대한 우리의 믿음에 크게 의존한다는 것이다. 위의 성경 말씀에서 우리는 하나님이 자기 자신을 영존하고 전능하신 분으로 계시하신다는 결론에 도달하게 된다. 그것은 이 앙망함을 통하여 하나님이 어떤 분인지 알게 된 사실에 대한 무의식적인 표현으로 우리의 영혼 안에 찾아오는 계시이다. 우리가 다함께 열심히 기다릴 만한 가치가 있는 하나님으로서 말이다.

다음과 같은 말씀에 귀를 기울여보라. "야곱아 어찌하여 네가 말하며 이스라엘아 네가 이르기를 내 길은 여호와께 숨겨졌으며 내 송사는 내 하나님에게서 벗어난다 하느냐"(사 40:27). 도대체 왜 당신은 하나님이 듣지 않거나 도와주시지 않는 것처럼 이야기한단 말인가!

"너는 알지 못하였느냐. 듣지 못하였느냐. 영원하신 하나님 여호와 땅끝까지 창조하신 이는 피곤하지 않으시며 곤비하지 않으시며 명철이 한이 없으시며"(사 40:28). 지금까지 거기서부터 "피곤한 자에게는 능력을 주시며 무능한 자에게는 힘을 더하시나니 소년이라도 피곤하며 곤비하며 장정이라도 넘어지며 쓰러지되"(사 40:29-30). "젊은 자의 영화는 그의 힘이요 늙은 자의 아름다움은 백발이니라"(잠 20:29). 이처럼 사람들에게 강한 것으로 여겨지는 모든 것은 결국에는 아무것도 아닌 것으로 변할 것이다.

"오직 여호와를 앙망하는 자는" 영원하신 하나님 여호와,

땅끝까지 창조하셨으며 피곤하지 않으시며 곤비하지 않으시는 이를 앙망하는 자는 "새 힘을 얻으리니 독수리가 날개 치며 올라감 같을 것이요 달음박질하여도 곤비하지 아니하겠고 걸어가도 피곤하지 아니하리로다." 자, 잘 들어보라. 그 사람들은 하나님의 강함으로 강해질 것이며, 그리하여 하나님이 피곤하지 않으시며 곤비하지 않으시는 것처럼 그 사람들도 달음박질하여도 곤비하지 아니하겠고 걸어가도 피곤하지 아니할 것이다.

그렇다. "그 사람들은 독수리가 날개 치며 올라감 같을 것이다." 당신은 독수리의 날개가 무엇을 의미하는지 잘 알고 있을 것이다. 독수리는 날짐승의 왕이다. 독수리는 하늘 꼭대기로 날아오른다. 성도들은 하나님의 임재와 사랑과 기쁨 안에서 천상의 삶을 살아야 한다. 성도들은 하나님이 살아계신 곳에서 살아가야 한다. 성도들은 거기에서 일어나기 위하여 하나님의 힘이 필요하다. 그러나 하나님은 오직 하나님만을 기다리는 성도들에게 그 힘을 주실 것이다.

당신은 독수리의 날개가 어떻게 생겨나는지 잘 알고 있을 것이다. 단 한 가지 방식으로 가능하다. 곧 독수리가 태어나면서부터 거기에 달려 있어야 한다. 당신은 하나님으로 말미암아 태어났다. 당신에게도 독수리의 날개가 달려 있다. 당신이 그 사실을 미처 인식하지 못할 수도 있으며, 지금까지 그 날개를 제대로 사용하지 않았을 수도 있다. 그러나 하나님은 당신에게 그 날개를 사용하는 법을 가르쳐주실 수 있으며 분명히 그렇게 하실 것이다.

당신은 독수리가 날개를 사용하는 법을 어떻게 배우는지 잘 알고 있을 것이다. 저 멀리 바다 위쪽으로 까마득하게 솟아올라 있는 절벽을 주목해보라. 절벽 바위 위로 높이 솟아 있는 암붕(岩棚)을 자세히 올려다보라. 바로 거기에 귀여운 새끼 독수리 두 마리가 있는 독수리 둥지가 자리 잡고 있다. 그런데 갑자기 어미 새가 달려들어 둥지를 뒤흔들면서 자기 등으로 겁 많은 새끼들을 낭떠러지로 사정없이 밀쳐낸다. 이 어린 새끼들이 어떻게 까마득한 저 바다 아래로 퍼덕거리며 떨어지는지 유심히 살펴보라.

이제 또다시 어미 독수리가 어떻게 행동하는지 살펴보라. "마치 독수리가 자기의 보금자리를 어지럽게 하며 자기의 새끼 위에 너풀거리며 그의 날개를 펴서 새끼를 받으며 그의 날개 위에 그것을 업는 것같이"(신 32:11). 그리하여 어떻게 어미 독수리가 새끼 독수리들을 날개에다 태우고 안전한 곳으로 데려가는지 살펴보라. 그런데 어미 독수리는 이런 일을 여러 번 반복하는데, 그럴 때마다 새끼 독수리들을 낭떠러지로 사정없이 내몬 다음, 또다시 날개로 받아서 안전한 곳으로 데려간다. 그러니까 "여호와께서 홀로 그를 인도하셨고 그와 함께 한 다른 신이 없었도다"(신 32:12). 그렇다. 어미 독수리의 본능은 하나님의 선물이었으며, 그것은 전능자께서 그분의 백성들이 독수리 날개 치듯이 올라가도록 훈련하기 위하여 애틋한 사랑을 보여주는 한줄기 광선이었다.

하나님은 때때로 당신의 둥지를 뒤흔드신다. 하나님은 때때로 당신의 소망을 절망으로 바꾸신다. 하나님은 때때로 당신의 확신을 끌어내리신다. 당신이 온갖 노력을 다 기울여도 허사로 돌아가고 완전히 곤비하고 무기력하게 느껴질 때까지 하나님은 당신을 두렵고 떨리게 만들 것이다. 그 와중에도 줄곧 하나님은 당신의 연약함을 내맡길 수 있도록 당신을 위하여 그분의 강한 날개를 쭉 펼쳐놓고 계시면서, 창조자이신 그분의 영이 당신 안에서 일하실 수 있도록 힘을 불어넣고 계신다. 하나님이 요구하시는 전부는 당신이 자신의 곤비함 속으로 빠져들어 오직 하나님만을 바라도록 하는 것이다. 그럴 때 하나님은 당신을 그분의 권능으로 안전하게 그분의 날개 위에 올려놓고 당신을 보호하실 것이다.

사랑하는 하나님의 자녀여, 당신을 권면하건대 눈을 들어 하나님을 바라보라! "피곤하지 않으시며 곤비하지 않으시다"라고 말씀하시는 분, 당신도 역시 피곤하거나 곤비치 않게 될 것이라고 약속하시는 분, 당신에게 오직 한 가지, 단지 그분만을 바라도록 요구하시는 분에게 귀를 기울이라. 그러니 "그와 같은 하나님을, 그토록 전능하시고, 그토록 신실하시고, 그토록 부드러우신 분을 앙망하리라"는 고백이 당신의 대답이 되도록 하라.

04

Waiting on God _ Part 4

하나님을 바라는 게 우리에게 축복이기에

왕들은 네 양부가 되며 왕비들은 네 유모가 될 것이며 그들이 얼굴을 땅에 대고 네게 절하고 네 발의 티끌을 핥을 것이니 네가 나를 여호와인 줄을 알리라. 나를 바라는 자는 수치를 당하지 아니하리라. 이사야 49:23.

그러나 여호와께서 기다리시나니 이는 너희에게 은혜를 베풀려 하심이요 일어나시리니 이는 너희를 긍휼히 여기려 하심이라. 대저 여호와는 정의의 하나님이심이라. 그를 기다리는 자마다 복이 있도다. 이사야 30:18.

이 얼마나 놀라운 약속들이란 말인가! 결단코 그게 헛된 노력이 아니라고 매우 긍정적인 확신을 심어주심으로써 하나님이 오직 그분만을 바라는 곳으로 우리를 인도하기 위하여 얼마나 애쓰고 계시는지 모른다. "나를 바라는 자는 수치를 당하지 아니하리라." 비록 우리가 너무나 자주 그걸 경험했을 테지만 이처럼 복된 기다림은 우리의 생명을 붙잡고 있는 핵심적인 호흡이고, 하나님의 임재와 사랑 안에서 지속적으로 안식하는 것이며, 우리 안에서 그분의 일을 완성하기 위하여 우리 자신을 그분에게 끊임없이 굴복시키는 것이어야 한다.

그런데 충분히 그럴 수 있다는 사실을 깨닫는 데 아직도 우리가 얼마나 느린지 너무나 이상할 정도이다! 우리의 마음속에서 "그를 기다리는 자마다 복이 있도다"라고 새로운 확신을 가지고 고백할 수 있을 때까지 다시 한번 그 말씀에 귀를 기울이고 묵상해보라.

이와 비슷한 말씀을 우리는 시편 25편의 기도에서 발견할 수 있다. "주를 바라는 자들은 수치를 당하지 아니하려니와 까닭 없이 속이는 자들은 수치를 당하리이다"(시 25:3). 바로 이 기도는 그게 사실일 수도 있다는 점을 우리가 얼마나 두려워하는지 보여준다. 온갖 두려움을 떨쳐버릴 때까지 하나님의 응답에 귀를 기울이도록 하라. 그런 다음에야 우리는 하나님이 하시는 말씀을 다시 하늘로 돌려보내게 된다. "그래요, 주님. 우리는 주님이 하신 말씀을 믿습니다. 나를 바라는 자는 수치를 당하지 아니하리라, 그를 기다리는 자마다 복이 있도다는 말씀을 믿습니다."

이 두 단락에서 각각 다루는 상황은 하나님의 교회가 커다란 곤경에 처해 있었던 시기를 가리키기 때문에 사람의 눈에는 거기에 아무런 구원의 가능성이 없는 것처럼 보였다. 그러나 하나님은 그분의 백성들을 구원하기 위하여 그분의 전능하신 권능을 약속하고 보증하신 말씀으로 개입하셨다. 그런데 하나님이 오직 그분만을 바라도록 그분의 백성들을 초대하시고, 결코 실망하지 않아도 된다고 확신하게 만드는 것은 구원의 일을 수행하시는 하나님으로서 그렇게 하신 것이다.

우리 역시 이루 다 말로 표현할 수 없이 슬픈 고백과 형식주의로 가득한 그런 교회의 상태와 상당히 흡사한 측면이 도사리고 있는 시대를 살아가고 있다. 우리가 모두 하나님을 마음껏 찬양하는 도중에도, 슬프게도 애통해야 할 일이 얼마나 많은지! 하나님의 약속이 없었다면 우리는 더욱 커다란 절망에 빠져들 수밖에 없었을 것이다. 그러나 이 약속을 통하여 살아

계신 하나님은 우리에게 자신을 내주고 묶어두셨다. 하나님은 오직 그분만을 바라도록 우리를 부르고 계신다. 하나님은 우리가 수치를 당하지 않을 것이라고 확신시켜주신다.

오, 하나님이 그분의 약속대로 우리에게 자신을 계시하실 때까지 우리 마음이 그분 앞에서 기다리는 법을 배울 수 있다면 그 약속을 통하여 하나님은 그분의 숨겨진 영광 안에서 자신을 계시하실 것이다. 그러면 우리는 꼼짝 없이 오직 하나님만을 바라는 쪽으로 이끌려갈 수밖에 없을 것이다. "하나님이여! '우리 영혼이 여호와를 바람이여 그는 우리의 도움과 방패시로다'(시 33:20)라고 고백하는 사람들의 무리가 늘어나게 하소서!"

하나님의 교회와 백성들을 위하여 이처럼 오직 하나님만을 바라는 것은 우리의 개인적인 삶에서 그게 어떤 자리를 차지하느냐에 크게 의존하게 될 것이다. 그 생각 속에는 흔히 하나님이 행하겠다고 약속하신 것에 관한 아름다운 이상으로 가득할 수 있으며, 그 입술에는 감동스러운 말로 그 이상에 관하여 언급하는 이야기가 멈추지 않을 수도 있다. 하지만 이러한 것들이 진정으로 우리의 믿음과 능력을 측량하는 수단은 되지 못한다.

그게 아니라 우리는 오직 개인적인 경험을 통하여 진정으로 하나님을 아는 것이며, 우리 안에 있는 적들을 정복하는 것이고, 가장 깊숙한 내면의 존재를 그분의 거룩함과 권능으로 다스리고 통치하고 계시하도록 하는 것이다. 우리가 하나님에게 기대하면서 우리의 친구들에게도 소개하고 싶은 참된 영적인 축복을 측량하는 진정한 수단으로 자리 잡게 되는 것은 바로 이것이다.

우리가 자기 주변에 존재하는 교회에 임하는 축복에 확신 있게 소망을 두는 것은 오직 하나님만을 바라는 삶이 우리 영혼에 얼마나 커다란 축복이 되는지 제대로 알 때이다. 그러면 우리의 모든 기대감을 아우르는 핵심적인 말은 하나님이 말씀하신 대로 "나를 바라는 자는 수치를 당하지 아니하리라"일 것이다. 하나님이 우리 안에 행하신 일로부터 우리는 자기 주변에서 강력한 일들을 행하시는 주님을 신뢰하게 될 것이다. "그를 기다리는 자마다 복이 있도다."

그렇다. 지금 이 순간에도 오직 하나님만을 바라는 자들에게는 복이 있다. 우리 자신이나 다른 사람들을 위해 약속된 축복이 기다리고 있다. 지금까지 많은 것을 약속하신 분, 거룩한 축복자, 다가오는 축복이 끊임없이 흘러나오는 살아계신 생명

샘을 알고 소유하고 있다는 놀라운 축복은, 심지어 지금 이 순간에도 역시 우리의 것이다. 이 진리가 당신 영혼을 완전히 소유하도록 하라. 오직 하나님만을 기다리는 삶은 그 자체로 인간의 최고 특권이며, 그분의 구속함을 받은 자녀의 최고 축복이다.

태양이 차가운 땅속을 뚫고 올라오는 온갖 자그만 풀 잎사귀에 빛과 온기, 아름다움과 축복을 가져다주는 것과 마찬가지로 영존하시는 하나님은 그분의 사랑 넘치는 위대함과 온화함으로 오직 그분만을 바라는 모든 자녀의 마음에 "예수 그리스도의 얼굴에 있는 하나님의 영광을 아는 빛을"(고후 4:6) 비추기 위하여 만나주신다. 당신의 마음이, 하나님이 당신에게 행하기 원하시는 것을 깨닫는 법을 터득할 때까지 다시 한번 이러한 말씀을 읽으라. 누가 거대한 태양과 그처럼 조그만 풀 잎사귀 사이의 차이를 제대로 헤아릴 수 있단 말인가? 그러나 이 풀에는 자신에게 필요하거나 붙잡을 수 있는 태양의 전부가 포함되어 있다.

오직 하나님만을 기다리면서 하나님의 위대하심과 당신의 왜소함이 서로 가장 아름다운 모습으로 잘 들어맞을 뿐만 아니라 기막히게 어울린다는 사실을 믿기 바란다. 단지 텅 빈 가난한 마음으로, 전적인 무기력함 가운데, 겸손함과 온유함으로 머리를 조아리면서 하나님의 위대한 영광 앞에서 그분의 뜻에 순복하도록 하라. 그리고 잠잠히 기다리라. 당신이 오직 하나님만을 바라고 있을 때 하나님이 가까이 다가오실 것이다. 하나님은 그분의 모든 약속을 강력하게 성취하시는 분으로서 자신을 계시하실 것이다. 그러므로 당신의 마음이 계속해서 다음과 같은 노래를 부르도록 하라. "그를 기다리는 자마다 복이 있도다."

05 Waiting on God _ Part 4

예측할 수 없는 놀라운 일을 행하시기에

주 외에는 자기를 앙망하는 자를 위하여 이런 일을 행한 신을 옛부터 들은 자도 없고 귀로 들은 자도 없고 눈으로 본 자도 없었나이다. 이사야 64:4.

흠정역에서는 이 말씀을 이렇게 번역하고 있다. "오 하나님이여, 세상이 시작된 이래로 하나님께서 자신을 기다리는 자를 위하여 예비하신 것을 주 외에는 사람들이 듣지 못하였고 귀로 깨닫지도 못하였으며 눈이 본 적도 없나이다."

이 두 번역에서 두 가지 사상이 공통적으로 나타난다. 곧 우리

본연의 자리는 오직 하나님만을 바라는 것이며, 인간의 마음으로는 도저히 상상조차 할 수 없는 게 존재한다는 점이다. 그런데 두 번역에는 차이가 있다. 흠정역에서는 "하나님께서 예비하신 것"이라고 표현했으며, 개역개정판에서는 "이런 일을 행한 신"이라고 표현했다. 고린도전서 2장 9절에서는 "하나님이 자기를 사랑하는 자들을 위하여 예비하신 모든 것은 눈으로 보지 못하고 귀로 듣지 못하고 사람의 마음으로 생각하지도 못하였다"라고 표현하면서 흠정역에서처럼 성령님이 계시하시는 것들에 관하여 언급하는 것으로 인용하고 있다. 그렇기에 이번 장에서는 이와 같은 맥락을 유지하여 내용을 전개하도록 하겠다.

이사야서의 앞선 구절들, 특히 이사야서 63장 15절에서는 하나님의 백성들이 얼마나 낮고 겸손한 상태에 처해 있는지 언급하고 있다. 그래서 "주여 하늘에서 굽어 살피시며 주의 거룩하고 영화로운 처소에서 보옵소서"라는 기도가 터져 나오고 있었다. "여호와여 어찌하여 우리로 주의 길에서 떠나게 하시며 우리의 마음을 완고하게 하사 주를 경외하지 않게 하시나이까. 원하건대 주의 종들 곧 주의 기업인 지파들을 위하사 돌아오시옵소서"(사 63:17).

그런데 64장 1~2절에서는 훨씬 더 절박하다. "원하건대 주는 하늘을 가르고 강림하시고 주 앞에서 산들이 진동하기를 불이 섶을 사르며 불이 물을 끓임 같게 하사 주의 원수들이 주의 이름을 알게 하시며 이방 나라들로 주 앞에서 떨게 하옵소서." 그런 다음에는 과거에 대한 탄원이 이어진다. "주께서 강림하사 우리가 생각하지 못한 두려운 일을 행하시던 그때에 산들이 주 앞에서 진동하였사오니"(사 64:3). "왜냐하면"(For) 이것은 이제 우리가 지금까지 보지 못한 것들에 대한 생각으로 말미암아 일깨워진 믿음이기 때문이다.

하나님은 여전히 동일하신 하나님이지만 "하나님께서 자신을 기다리는 자를 위하여 예비하신 것을 주 외에는 사람들이 듣지 못하였고 귀로 깨닫지도 못하였으며 눈이 본 적도 없나이다"라는 말씀처럼 오직 하나님만이 그분을 기다리는 사람들을 위하여 행하실 수 있는 일을 알고 계신다. 사도 바울이 해석하고 적용하는 대로 "사람의 일을 사람의 속에 있는 영 외에 누가 알리요. 이와 같이 하나님의 일도 하나님의 영 외에는 아무도 알지 못하느니라"(고전 2:11). "오직 하나님이 성령으로 이것을 우리에게 보이셨으니 성령은 모든 것 곧 하나님의 깊은 것까지도 통달하시느니라"(고전 2:10).

하나님의 백성들이 지닌 필요와 하나님의 개입하심에 대한 요청은 이사야 시대에 그랬던 것만큼이나 우리 시대에도 긴급하다. 그 당시에도 그랬고 모든 시대에도 그래왔던 것처럼 지금도 전심으로 하나님을 찾는 사람은 소수에 지나지 않는다. 그러나 만약 우리가 전체적인 기독교를, 전반적으로 그리스도의 교회가 처한 상태를 바라본다면 하나님이 하늘 문을 열고 임하시도록 간청할 만한 무한한 이유가 있다. 전능하신 능력의 특별한 개입 외에는 다른 어떤 것도 별다른 소용이 없기 때문이다.

나는 소위 우리 기독교계에 무엇이 하나님의 관점인지에 대한 적절한 개념이 있는지조차 의아스러울 정도이다. 만약 "주는 하늘을 가르고 강림하시고 주 앞에서 산들이 진동하기를 불이 섶을 사르며 불이 물을 끓임 같게 하사 주의 원수들이 주의 이름을 알게 하시며 이방 나라들로 주 앞에서 떨게"(사 64:1-2) 하지 않는다면 우리의 수고는 별다른 결실을 맺지 못하고 말 것이다.

당신의 사역을 한번 가만히 살펴보라. 거기에는 얼마나 많은 인간의 지혜와 문학 비평적인 문화가 내재되어 있는가? 거기에는 성령의 일하심과 권능의 역사가 얼마나 나타나고 있는가? 그리스도의 몸이 얼마나 연합을 이루고 있는지에 대해서도 가만히 생각해보라. 거기에서 하나님의 자녀들을 하나로 묶어주는 천상의 사랑으로 말미암은 능력이 얼마나 적게 나타난단 말인가? 거룩함에 대해서 한번 생각해보라. 그리스도와 같은 겸손함과 십자가에 달리심으로 말미암은 거룩함을 세상에 얼마나 보여주는지 생각해보라. 그런 것들이 하늘에 계신 그리스도 안에서 살아가는 사람들 사이에 있으며, 그 사람들 안에서 그리스도와 천국이 살아 있다는 사실을 이 세상이 목격하기 얼마나 힘들단 말인가?

그렇다면 어떤 일이 이루어져야 하는가? 단 한 가지 일밖에 없다. 우리는 오직 하나님을 기다려야 한다. 그렇다면 무엇을 위해서 그래야 한단 말인가? 우리는 절대로 멈추지 않는 부르짖음으로 부르짖어야 한다. "주는 하늘을 가르고 강림하시고 주 앞에서 산들이 진동하기를"(사 64:1). 우리는 하나님이 전혀 뜻밖의 예기치 않은 일들을 행하시기를 바라고 믿으며 간구하고 기대해야 한다. 우리는 그분을 기다리는 사람들을 위하여 하나님이 무엇을 예비하셨는지 사람들로서는 도저히 알 수 없도록 하시는 그런 하나님께 우리 믿음을 고정해 놓아야 한다. 우리의 모든 기대를 뛰어넘을 수 있는 놀라운 일을 행하시는 하나님이 바로 우리가 확신하는 하나님이어야 한다.

그렇다. 하나님의 백성들은 우리 마음에서 요청하거나 생각하는 것을 훨씬 뛰어넘어 더욱 풍성하게 행하실 수 있는 하나님을 앙망해야 한다("우리 가운데서 역사하시는 능력대로 우리가 구하거나 생각하는 모든 것에 더 넘치도록 능히 하실 이에게." 엡 3:20 참고). 이전에는 사람들이 한 번도 목격하지 못한 것들을 베푸시도록 하나님께 밤낮으로 울부짖는 택한 자들로서 우리 자신을 한데 묶어야 한다. 하나님은 얼마든지 그분의 백성들을 일으켜 세워 이 땅에서도 주님의 이름을 부르며 찬양하게 만들 수 있다. "그러나 여호와께서 기다리시나니 이는 너희에게 은혜를 베풀려 하심이요 일어나시리니 이는 너희를 긍휼히 여기려 하심이라. 대저 여호와는 정의의 하나님이심이라. 그를 기다리는 자마다 복이 있도다"(사 30:18).

06 Waiting on God _ Part 4

하나님의 선하심을 깨달아 알게 되기에

기다리는 자들에게나 구하는 영혼들에게 여호와는 선하시도다. 예레미야애가 3:25.

"선한 이는 오직 한 분이시니라"(마 19:17). 하나님의 선하심은 하늘에 있으며 "주를 두려워하는 자를 위하여 쌓아 두신 은혜 곧 주께 피하는 자를 위하여 인생 앞에 베푸신 은혜가 어찌 그리 큰지요"(시 31:19). "너희는 여호와의 선하심을 맛보아 알지어다. 그에게 피하는 자는 복이 있도다"(시 34:8). 그런데 이제 여기에 이와 같은 하나님의 선하심으로 들어가 이를 즐기는 진정한 방법이 있다. 곧 오직 하나님만을 기다리는 것이다.

주님은 선하시다. 비록 그분의 자녀들이 종종 제대로 깨닫지 못할지라도 하나님은 선하시다. 그런데 우리가 하나님의 선하심에 대하여 무지한 것은 그분으로 하여금 선하심을 드러내도록 잠잠히 기다리고 있지 못하기 때문이다. 그러나 끊임없이 끈기 있게 기다리는 사람들에게, 그 영혼이 오직 주님만을 기다리고 있는 사람들에게 그 선하심은 현실로 다가올 것이다.

어떤 사람은 이렇게 생각할 수도 있을 것이다. 우리는 모두 그냥 하나님의 선하심을 기다려야 하지만 그 선하심을 의심할 수밖에 없는 사람들이다. 그러나 이것은 사람들이 잠잠히 기다리는 게 아니라 참을성 없는 태도가 자라날 경우에만 그렇다. 진정으로 하나님을 바라는 사람들은 모두 이렇게 고백해야 한다. "기다리는 자들에게나 구하는 영혼들에게 여호와는 선하시도다." 만약 당신이 진정으로 하나님의 선하심을 알고 싶다면 오직 하나님만을 바라는 삶에 그 어느 때보다 더 많이 자기 자신을 내주어야 한다.

오직 하나님만을 바라는 학교에 처음으로 들어가면 우리 마음은 주로 자신이 바라는 축복에만 맞춰지게 된다. 하지만 하나님은 우리가 생각하고 있는 것보다 더 고차원적인 것에 관하여 우리에게 가르쳐주기 위하여 우리의 필요와 욕구를 은혜롭게 활용하신다. 우리는 선물을 구하고 있다. 그러나 수여자이신 하나님은 그분 자신을 내주심으로써 그분의 선하심으로 우리 영혼을 만족시키기를 열망하신다. 하나님이 종종 선물을 보류하시고 우리가 기다리는 시간을 아주 길게 잡으시는 것도 바로 이런 이유 때문이다.

하나님은 우리 마음을 그분 자신에게 붙잡아 두기 위하여 끊임없이 애쓰고 계신다. 하나님이 선물을 주실 때 우리가 "하나님은 너무 좋은 분이셔!"라고 고백할 뿐만 아니라 그 선물을 받기 오래 전부터, 그리고 심지어 그런 선물을 전혀 받지 않더라도 우리가 언제든지 다음과 같은 것을 경험하길 원하신다. 곧 누구든 잠잠히 하나님을 바라는 것은 정말 좋은 일이라고 말이다. "기다리는 자들에게나 구하는 영혼들에게 여호와는 선하시도다."

오직 하나님만을 바라는 삶이 지속적으로 믿음의 예배를 드리고 하나님의 선하심을 경배하고 신뢰하게 한다면 그 얼마나 복된 삶이란 말인가! 우리 영혼이 그 비결을 배울 때 오직 하나님만을 바라는 온갖 행위와 훈련은 단지 하나님의 선하심 속으로 잠잠히 들어가 그로 말미암아 복된 일이 이루어지고 우리의 모든 필요를 채우게 된다. 그리고 하나님의 선하심을 맛보는 온갖 경험은 오직 주님만을 기다리는 일에 새로운 매력을 불어넣게 된다.

우리는 하나님을 단지 필요한 시기의 피난처로 삼는 대신에 계속해서 온종일 오직 하나님만을 바라는 것이 엄청난 열망으로 변하게 해야 한다. 그리고 아무리 온갖 임무와 용무에 시간과 마음을 빼앗긴다고 하더라도 우리 영혼은 항상 하나님만을 바라는 은밀한 기술에 점점 더 친숙해져야 한다. 그럴 때 오직 하나님만을 바라는 것은 우리의 습관과 성향으로 변하고, 우리 영혼을 사로잡는 제2의 천성과 호흡으로 자리 잡게 될 것이다.

친애하는 그리스도인이여! 우리가 아무리 수시로 그렇게 생각하고 있을지라도 오직 하나님만을 바라는 것은 수많은 그리스도인의 덕성 가운데 하나가 아니라 그리스도인의 삶에서 뿌리를 차지하여야 한다. 오직 하나님만을 바라는 삶은 우리의 기도와 예배에, 우리의 믿음과 순종에 더욱 고차원적인 가치와 새로운 능력을 불어넣는다. 왜냐하면 그것은 우리를 하나님에게 놀라운 의존관계로 연결시켜주기 때문이다. 그리고 그것은 하나님의 선하심에 관한 손상되지 않은 즐거움을 우리에게 제공하기 때문이다. "기다리는 자들에게나 구하는 영혼들에게 여호와는 선하시도다."

당신이 시간과 수고를 들여서 그리스도인의 삶에서 이처럼 너무나 절실히 필요한 요소를 키워나가도록 다시 한번 강조하고 싶다. 우리는 다른 사람들의 가르침에서 간접적으로 너무나 많은 신앙을 배운다. 물론 그와 같은 가르침도 커다란 가치를 지니고 있다. 세례 요한의 설교가 그 자신으로부터 살아계신 그리스도에게로 자신의 제자들을 내쫓아버렸던 것처럼 만약 그 가르침이 하나님께로 우리를 인도하기만 한다면 말이다. 우리 믿음을 위하여 필요한 일은 오직 하나님만을 더 많이 바라는 것이다.

우리 가운데 많은 사람은 지나칠 정도로 일에 파묻혀 있다. 마치 마르다처럼 우리가 주님을 섬기고 싶어서 하는 바로 그 일이 오히려 하나님과 우리를 분리시킨다. 그것은 하나님을 기쁘게 하지도 않을뿐더러 우리에게도 그다지 유익하지 못하다. 많은 일에 빠져들수록 오히려 하나님을 바랄 필요가 더 늘어나게 된다.

그러니까 우리 자신을 혹사시키는 대신에 하나님의 뜻대로 행하는 것이야말로 우리의 양식이자 우리의 자양분이며 능력이 된다. "기다리는 자들에게나 구하는 영혼들에게 여호와는 선하시도다." 오직 하나님만을 바람으로써 이를 증명한 사람들 외에는 아무도 그게 얼마나 좋은지 말할 수 없다. 최대한 하나님을 증명한 사람들을 제외하고는 아무도 그게 얼마나 좋은지 설명할 수도 없다.

P·A·R·T·5

하나님께 어떤 태도로 나아가야 하나?

01 Waiting on God _ Part 5

온 마음과 소원을 하나님께만 고정시키고

사람이 여호와의 구원을 바라고 잠잠히 기다림이 좋도다. 예레미야애가 3:26.

"그에게 이르기를 너는 삼가며 조용하라. …두려워하지 말며 낙심하지 말라"(사 7:4). "주 여호와 이스라엘의 거룩하신 이가 이같이 말씀하시되 너희가 돌이켜 조용히 있어야 구원을 얻을 것이요 잠잠하고 신뢰하여야 힘을 얻을 것이거늘"(사 30:15). 이러한 말씀들은 고요함과 믿음 사이의 밀접한 연관성을 우리에게 드러내 보여준다. 이 말씀들은 진정으로 오직 하나님만을 바라는 데 있어서 매우 중요한 요소로서 고요함이 얼마나 절실히 필요한지 우리에게 보여준다. 만약 우리가 온 마음을 하나님께로 향하도록 완전히 돌려야 한다면 그게 아무리 커다란 기쁨이나 슬픔을 가져다주든지 간에 온갖 피조물로부터, 우리의 시간을 허비하게 만드는 모든 것으로부터, 우리의 관심을 사로잡는 모든 것으로부터 완전히 돌아서야 한다.

하나님은 너무나 한없는 위대함과 영광을 지닌 존재이나 우리의 본성이 그분과의 관계에서 너무나 소원해져 있기 때문에, 우리가 아주 조금이라도 하나님을 더 많이 알고 받아들이기 위해서는 우리 온 마음과 소원을 오직 그분께만 고정시켜야 한다. 하나님이 아닌 모든 것, 우리의 두려움을 자극하거나 우리의 노력을 뒤흔들거나 우리의 소망을 일깨우거나 우리를 기쁘게 만드는 모든 것은 오직 하나님만을 바라는 일을 방해하게 만든다. 그렇기에 위에서 언급된 말씀의 메시지는 아주 깊은 의미를 담고 있다. "너는 삼가며 조용하라." "잠잠하고 신뢰하여야 힘을 얻을 것이다." "사람이 여호와의 구원을 바라고 잠잠히 기다림이 좋도다."

그렇다면 위엄과 거룩함 가운데 계신 하나님의 그와 같은 생각이 성경에서 풍성하게 입증하는 대로 어떻게 우리를 잠잠하게 만들 수 있을까? 그것은 이런 말씀들에서 확인할 수 있다.

"오직 여호와는 그 성전에 계시니 온 땅은 그 앞에서 잠잠할지니라"(합 2:20).

"주 여호와 앞에서 잠잠할지어다. 이는 여호와의 날이 가까웠으므로 여호와께서 희생을 준비하고 그가 청할 자들을 구별하셨음이니라"(습 1:7).

"모든 육체가 여호와 앞에서 잠잠할 것은 여호와께서 그의 거룩한 처소에서 일어나심이니라 하라"(슥 2:13).

오직 하나님만을 바라는 것이 주로 더 효과적인 기도를 위한 최종 목적지로, 그리고 우리의 탄원에 대한 응답을 얻는 과정으로 간주되는 한 이처럼 완벽한 고유함의 영에 제대로 도달하지 못할 것이다. 그러나 오직 하나님만을 바라는 것이 그 자체로 놀라운 축복임을, 거룩하신 분과 교제를 나누는 지고한 형태 가운데 하나임을 확실히 깨닫게 될 때, 우리 영이 하나님의 영광 안에서 그분을 경배하는 것은 반드시 우리 영혼을 거룩한 고요함 속으로 들어가도록 낮출 것이다. 그러면서 하나님이 자신을 계시하시도록 길을 열어줄 것이다. 그리하여 그것은 귀중한 약속을 성취하게 되고 모든 자아와 자기 노력을 보잘것없게 만들 것이다. "그날에 눈이 높은 자가 낮아지며 교만한 자가 굴복되고 여호와께서 홀로 높임을 받으시리라"(사 2:11).

오직 하나님만을 바라는 기술을 터득하고 싶어 하는 모든 사람은 다음과 같은 교훈을 꼭 명심해야 한다. "너는 삼가며 조용하라." "잠잠하고 신뢰하여야 힘을 얻을 것이다." "사람이 여호와의 구원을 바라고 잠잠히 기다림이 좋도다." 서서히 시간을 들여서 모든 친구와 온갖 잡다한 일, 모든 걱정거리와 온갖 유흥거리들과 헤어지도록 하라. 하나님 앞에서 잠잠하고 조용히 지내기 위하여 시간을 쏟으라. 사람과 세상으로부터 고요함을 확보할 뿐만 아니라 자아와 거기에서 흘러나오는 잡다한 에너지로부터 자신을 지키는 데 시간을 들이라.

우리는 말씀과 기도를 소중하게 여겨야 하겠지만 심지어 이러한 것들이 오히려 잠잠히 하나님만을 바라는 것을 방해할 수도 있다는 사실을 기억해야 한다. 하나님의 말씀을 공부하는 과정이나 기도 중에 자기의 생각을 표현하는 과정에서 사고 영역의 활동, 마음의 소원과 희망과 두려움을 비롯하여 마음에서 일어나는 각종 활동은 우리로 하여금 거기에 너무나 열중하게 만든 나머지, 하나님 앞에 잠잠히 모든 존재를 굴복시켜 하나님의 영광 가운데로 나아가지 못하게 할 수도 있다.

비록 처음에는 차분히 가라앉은 시간 동안 사고 영역과 마음 영역의 각종 활동을 펼치는 동시에, 이런 식으로 잠잠히 하나님만을 바라는 법을 알아가는 것이 어려워 보일 수도 있다. 하지만 그 이후로 벌어지는 온갖 노력은 충분한 보상을 받을 것이다. 우리는 오직 하나님만을 바라는 데서 자라가는 모습을 보게 될 것이며, 잠잠히 하나님을 경배하는 자그만 기회가 기도시간뿐만 아니라 온종일 축복을 가져다주는 평화와 안식으로 인도할 것이다.

"사람이 여호와의 구원을 바라고 잠잠히 기다림이 좋도다." 그렇다. 그건 좋은 일이다. 잠잠히 오직 하나님만을 기다리는 것은 우리의 무기력함을 고백하는 것이다. 우리의 온갖 의지와 행동으로는, 우리의 각종 생각과 기도로는 그것이 제대로 이루어지지 않을 것이다. 우리는 하나님에게 그런 능력을 받아야 한다. 하나님이 그분의 때에 우리를 도와주러 오시리라고 믿는 것은 우리의 신뢰에 대한 고백이다. 곧 오직 하나님만을 잠잠히 기다리는 것이다. 그것은 우리가 아무것도 아니라는 생각으로 내려가 하나님이 일하시면서 자신을 드러내시도록 하기 위한 우리 소망의 고백이다.

그렇기에 우리는 잠잠히 하나님을 기다려야 한다. 일상생활에서 위대하신 하나님이 놀라운 일을 하시도록 잠잠히 기다려야 한다. 그러면서 우리 영혼이 세상에 너무 깊숙이 빠져들지 않도록 잠잠히 하나님을 경외하면서 지속적으로 파수꾼을 세워야 한다. 그러면 전반적인 성품에서 아름다운 봉인을 찍게 될 것이다. 곧 잠잠히 하나님의 구원을 바라고 기다리는 것 말이다.

02

Waiting on God _ Part 5

자아를 죽이고 거룩한 기대감으로

오직 나는 여호와를 우러러보며 나를 구원하시는 하나님을 바라보나니 나의 하나님이 나에게 귀를 기울이시리로다. 미가서 7:7.

「대망의 거리」라는 조그만 책에 관하여 들어본 적이 있는가? 만약 그렇지 않다면 한번 구해서 읽어보라. 거기에서 당신은 앞의 말씀에 관한 최고의 설교 가운데 하나를 발견할 수 있을 것이다.

거기에는 몇몇 가난한 신하들을 위하여 도성을 세워준 왕에 대한 이야기가 나온다. 그 신하들이 살게 된 도성과 그다지 멀리 떨어지지 않은 곳에 거대한 저장고가 있었다. 신하들은 무엇이든 요청하기만 하면 자신들에게 필요한 모든 것을 거기에서 공급받을 수 있었다. 그러나 단 한 가지 조건이 있었다. 신하들이 왕의 대답을 듣기 위해서는 반드시 망대에 올라와 있어야 한다는 것이었다. 그리하여 왕의 사신이 신하들의 청원에 대한 답변을 가지고 왔을 때 신하들은 항상 사신을 기다리면서 응답받을 준비가 되어 있어야 했다.

그런데 자신을 너무나 무가치하다고 생각했기에 요청한 것을 하나도 받지 못한 안타까운 신하가 있었다. 어느 날, 그 신하는 왕의 저장고로 갔다가 이미 자기에게로 발송 준비를 마친 엄청난 물건들이 쌓여 있는 놀라운 광경을 목격하게 되었다. 거기에는 찬양의 옷, 기쁨의 기름, 눈에 넣는 안약을 비롯하여 아주 귀한 많은 물건이 포함되어 있었다. 그런데 안타깝게도 이 보물들이 신하의 집에 당도했을 때 문은 굳게 잠겨 있었다. 그 신하가 망대 위에서 자리를 지키면서 기다리고 있지 않았던 것이다. 바로 그 순간, 이 신하는 미가가 오늘날 우리에게 가르치려고 하는 교훈을 배웠다. "오직 나는 여호와를 우러러보며 나를 구원하시는 하나님을 바라보나니 나의 하나님이 나에게 귀를 기울이시리로다."

우리는 지금까지 이 교훈을 여러 차례 언급하였다. 곧 단지 기도에 대한 응답을 기다리는 것은 오직 하나님만을 바라는 일의 전부가 아니라 겨우 일부분에 지나지 않는다고 말이다. 오늘날 우리는 지극히 일부분이면서도 매우 중요한 부분으로서 복된 진리에 동참하고 싶어 한다. 우리가 오직 하나님만을 바라는 것과 관련하여, 우리에게 특별한 간청이 있을 경우에 그렇게 기다리는 것은 "나의 하나님이 나에게 귀를 기울이시리로다"라는 분명한 확신 가운데 매우 단호하게 자리 잡고 있어야 한다.

거룩하고 즐거운 기대감은 진정한 바람과 기다림의 아주 본질적인 부분에 속한다. 그런데 이것은 모든 성도가 제기할 수밖에 없는 수많은 다양한 기도 제목과 관련하여 사실일 뿐만 아니라 아주 특별히 모든 심령이 간절히 찾는 주요한 기도와 관련해서도 사실이다. 곧 우리 영혼 안에서 하나님의 생명이 전적으로 지배할 수 있으며, 그리스도께서 우리 내면에서 충분히 세워질 수도, 우리가 하나님의 충만한 분량에까지 채워질 수도 있다는 것이다.

이것이 바로 하나님이 우리에게 지금까지 약속하신 것이

다. 이것이 바로 하나님의 백성들이 너무나 적게 찾아다니는 것이다. 아주 흔히 그것이 가능하지 않다고 믿기 때문이다. 그러나 이것이 바로 우리가 반드시 찾아야 하며 담대하게 기대해야 하는 것이다. 왜냐하면 하나님이 우리 안에서 일하실 수 있으며 그렇게 하시기를 기다리고 있기 때문이다.

그러나 하나님 자신이 반드시 그 일을 행하셔야 하고, 이와 같은 목적을 위하여 우리는 스스로 일하는 것을 멈춰야 한다. 우리는 예수님을 죽음에서 일으키신 하나님의 운행하심을 얼마나 전적으로 믿어야 하는지 목격해야 한다. 그와 같은 부활과 아주 흡사하게 우리 영혼 안에서 하나님의 생명을 온전하게 하는 것은 직접적으로 그분의 일이기 때문이다.

그리고 오직 하나님만을 바라고 기다리는 것은 그 어느 때보다 더 우리의 영혼이 잠잠히 하나님 앞에 머물러 있으면서, 죽은 자를 일으켜 세우시며, 없는 것을 있는 것으로 불러내시는 하나님을 더욱더 의지해야 한다. "기록된 바 내가 너를 많은 민족의 조상으로 세웠다 하심과 같으니 그가 믿은 바 하나님은 죽은 자를 살리시며 없는 것을 있는 것으로 부르시는 이시니라"(롬 4:17).

또한 우리는 미가서 7장 7절 말씀에서 하나님의 이름을 삼

중적으로 사용하는 것과 관련하여, 그것이 어떻게 우리가 전적으로 기대해야 하는 대상 가운데 하나로서 그분 자신을 우리에게 가르쳐주는지 주목해볼 필요가 있다. "오직 나는 여호와를 우러러보며 나를 구원하시는 하나님을 바라보나니 나의 하나님이 나에게 귀를 기울이시리로다." 구원에 속한 모든 것, 선하고 거룩한 모든 것은 우리 안에서 행하시는 하나님의 직접적이고 강력한 일하심이어야 한다. 하나님의 뜻 안에서 살아가는 인생의 모든 순간에는 하나님의 즉각적인 운행하심이 자리 잡고 있어야 한다.

그러므로 우리가 해야 하는 단 한 가지 일은 이것이다. 곧 오직 주님만을 바라보는 것, 우리 구원의 하나님을 바라고 기다리는 것, "나의 하나님이 나에게 귀를 기울이시리로다"라는 분명한 확신을 아주 단단히 붙잡고 있는 것 말이다. 이와 관련해서 하나님은 강권하여 이렇게 말씀하신다. "너희는 가만히 있어 내가 하나님 됨을 알지어다. 내가 뭇 나라 중에서 높임을 받으리라. 내가 세계 중에서 높임을 받으리라"(시 46:10).

무덤 속에 들어가 있는 것보다 더 고요한 잠잠함이란 있을 수 없다. 예수님의 무덤 속에서, 그분의 죽으심과 교제하는 가운데, 자기 자신의 의지와 지혜, 자기 자신의 힘과 에너지에 대한 자아의 죽음 아래서 우리에게 안식이 찾아온다. 우리가 자아를 죽이고 우리 영혼이 하나님께 잠잠히 머물러 있게 될 때 하나님은 일어나셔서 자기 자신을 보여주실 것이다. "너희는 가만히 있어라." 그리고 "내가 하나님 됨을 알지어다."

"예수께서 깨어 바람을 꾸짖으시며 바다더러 이르시되 잠잠하라. 고요하라"(막 4:39)고 말씀하며 허락하신 잠잠함 같은 고요함은 아무 데도 없다. 오직 그리스도 안에서, 그분의 죽음 안에서, 그분의 생명 안에서, 그분의 완전한 구속하심 안에서 우리 영혼은 가까스로 잠잠할 수 있다. 그러면 하나님이 임하셔서 우리 영혼을 소유하시고 그분의 온전하신 일을 우리 안에서 행하실 것이다.

03 Waiting on God _ Part 5

오직 구속하신 예수 그리스도를 통해서만

예루살렘에 시므온이라 하는 사람이 있으니 이 사람은 의롭고 경건하여 이스라엘의 위로를 기다리는 자라. 성령이 그 위에 계시더라. 또 아셀 지파 바누엘의 딸 안나라 하는 선지자가… 성전을 떠나지 아니하고 주야로 금식하며 기도함으로 섬기더니 마침 이때에 나아와서 하나님께 감사하고 예루살렘의 속량을 바라는 모든 사람에게 그에 대하여 말하니라. 누가복음 2:25,36-38.

여기에서 우리는 기다리는 성도의 전형적인 표본을 볼 수 있다. 그 모든 행위에서 올바르고 의로우며, 하나님께 헌신된 경건한 사람, 늘 하나님의 임재 안에 있는 것처럼 언제나 그분과 동행한 사람, 이스라엘의 위로를 기다리면서 하나님의 약속이 성취되기를 갈망한 사람, 그리고 성령이 그 위에 계시된 사람 말이다. 그 사람의 이름은 바로 시므온이다. 경건한 바람과 기다림 속에서 시므온은 계속해서 그와 같은 축복을 준비하고 있었다.

그런데 시므온 혼자만 그렇게 준비하고 있었던 게 아니었다. 안나는 이스라엘의 구속을 바라던 모든 사람에게 말하고 있었다. 이것은 온통 형식주의와 세속주의로 둘러싸인 도성의 한복판에서 예루살렘에 있는 경건한 무리의 사람들에게서 나타나는 표징이었다. 그 사람들은 오직 하나님만을 바라고 있었으며 그분이 약속하신 구속을 기다리고 있었다.

그런데 이제는 그 이스라엘의 위로가 임했으며 바로 그 구속이 성취되었다고 한다면, 우리가 여전히 기다려야 할 필요가 남아 있을까? 물론이다. 그러나 이제는 이미 임했던 것을 되돌아보는 사람으로서 우리가 기다리는 것은 앞으로 다가올 것을 고대하던 옛 사람들과 조금 차이가 있다. 거기에는 특히 두 가지 측면의 차이가 있다. 이제 우리는 완전한 구속의 능력 안에서 하나님을 기다리고 있으며 그 완전한 계시를 기다리고 있다는 것이다.

우리의 기다림은 이제 완전한 구속의 능력 안에서 이루어지게 된다. 그리스도는 이렇게 말씀하셨다. "그날에는 내가 아버지 안에, 너희가 내 안에, 내가 너희 안에 있는 것을 너희가 알리라. 내 안에 거하라. 나도 너희 안에 거하리라"(요 14:20, 15:4). 여러 서신서에서는 "이와 같이 너희도 너희 자신을 죄에 대하여는 죽은 자요 그리스도 예수 안에서 하나님께 대하여는 살아 있는 자로"(롬 6:11) 자기 자신을 하나님께 내드리면서 "하나님 곧 우리 주 예수 그리스도의 아버지께서 그리스도 안에서 하늘에 속한 모든 신령한 복을"(엡 1:3) 베푸시도록 하라고 우리에게 가르쳐준다.

우리가 오직 하나님만을 바라고 기다리는 것은 우리를 사랑하시는 자 안에서 받아들여졌으며, 하나님을 의지하는 사랑이 우리를 의지하고 있으며, 우리가 바로 그 하나님의 친밀감과 임재와 시선 안에 있는 그와 같은 사랑 안에서 살아가고 있다는 사실이다. 하지만 이 진리는 성령님이 우리 안에서 시작하고 유지하시는 놀라운 의식을 가지고 깨달음으로써만 가능하다.

옛 성도들은 하나님의 말씀 위에 견고히 서 있었으며 그 말씀을 기다리고 바랐기 때문에 우리 역시 하나님의 말씀을 의지해야 한다. 그러나 우리는 예수 그리스도와 하나로 연합된 존재로서 굉장히 엄청난 특권을 누리는 가운데 그분의 말씀으로 나아가게 된다. 우리가 오직 하나님만을 바라고 기다리는 과정에서 이것이 우리의 확신이 된다. 그리스도 안에서 우리는 하나님 아버지께로 나아가게 된다는 사실 말이다. 그러므로 우리가 기다리고 바라는 것이 결코 헛되지 않을 수 있다는 진리를 얼마나 강하게 확신할 수 있단 말인가!

우리가 오직 하나님만을 바라는 것은 이런 점에서도 다르다. 곧 옛 성도들은 앞으로 다가오는 구속을 바라고 기다렸던 반면, 우리는 이미 그것이 성취되었음을 알고 있으며, 이제는 우리 안에서 그 구속이 온전히 이루어지기를 바라고 있다. 그리스도는 "내 안에 거하라"고 말씀하셨을 뿐만 아니라 "나도 너희 안에 거하리라"(요 15:4)고 말씀하고 계신다.

서신서들에서는 구속적인 사랑의 최고 신비로서 그리스도 안에 있는 우리뿐만 아니라 우리 안에 있는 그리스도에 관해서 말씀하고 있다. 우리가 날마다 그리스도 안에서 우리의 자리를 유지할 때 하나님은 그리스도가 우리 안에서 세워졌던 것과 같은 방식으로 우리 안에다 그리스도를 계시하기를 기다리고 계신다.

그러면 그리스도의 생각과 성향과 형상은 우리 안에 있는 형상과 실재를 요구하기 때문에 각 사람마다 진리 안에서 "내가 그리스도와 함께 십자가에 못 박혔나니 그런즉 이제는 내가 사는 것이 아니요 오직 내 안에 그리스도께서 사시는 것이라. 이제 내가 육체 가운데 사는 것은 나를 사랑하사 나를 위하여 자기 자신을 버리신 하나님의 아들을 믿는 믿음 안에서 사는 것이라"(갈 2:20)고 고백할 수 있게 된다.

그리스도 안에 있는 내 생명이 저 하늘 위에 있으며 내 안에 있는 그리스도의 생명이 여기 이 땅에 있다. 이 두 가지는 서로 상호보완적이다. 그러니까 내가 오직 하나님만을 기다리는 삶이 점점 더 많이 그리스도 안에 내가 있다는 살아 있는 믿음으로 특징지어 질 수 있다면 우리 마음은 점점 더 많이 내 안에 계신 그리스도를 갈망하고 요구하게 된다. 특별한 필요와 기도로 시작되는 오직 하나님만을 바라고 기다리는 것은 우리 개인의 삶이 이와 같은 단 한 가지에 집중하는 한 점점 더 강한 능력을 발휘하게 될 것이다. "주님, 내 안에서 충만하게 주님의 구속을 드러내소서. 내 안에 그리스도께서 살아 있게 하소서!"

우리가 오직 하나님만을 바라고 기다리는 것은 현재 우리가 처해 있는 자리와 누리는 기대감에서 옛 성도들의 기다림과는 매우 다르다. 그러나 그 뿌리는 동일하다. 오직 하나님만을 바란다는 것은 오직 그분에게만 우리의 소망을 둔다는 의미이다.

시므온과 안나에게서 교훈을 얻기 바란다. 두 사람은 하나님의 위대한 구속을 위하여 어떤 일도 할 수 없었다. 그러니까 그리스도의 탄생과 그분의 죽음을 위해서 아무것도 할 수 없었다. 그것은 모두 하나님의 일이었다. 두 사람은 단지 기다리는 것밖에 아무것도 할 수 없었다. 우리 안에 그리스도께서 나타나시는 것과 관련하여 우리는 절대적으로 무기력할 수밖에 없다. 정말 그렇다. 하지만 하나님은 그리스도 안에서만 위대한 구속의 일을 모두 실행하지 않으셨다. 오히려 그 구체적이고 세세한 적용을 우리에게 남겨두셨다.

사실이 그렇다고 인정하는 은밀한 생각이 바로 우리는 전적으로 연약하다는 인식의 뿌리이다. 모든 개별적인 성도에게 그리스도의 나타나심과 각 사람 안에서 날마다, 매 순간 단계적으로 나타나시는 것은 그리스도의 탄생이나 부활과 마찬가지로 전능하신 하나님의 일하심이다. 이 진리가 우리에게 들어와 충만해질 때까지, 두 사람이 구속을 기다렸던 것과 마찬가지로 우리 역시 우리 삶에서 구속을 즐기는 모든 순간마다 하나님을 의지한다고 느낄 때까지, 우리가 오직 하나님만을 기다리는 것은 충만한 축복을 가져오지 않을 것이다.

우리의 전적이고 절대적인 무기력함에 대한 인식과 더불어 하나님이 모든 것을 하실 수 있고 그렇게 하실 것이라는 확신은 두 사람이 그랬던 것과 마찬가지로 우리의 바람과 기다림의 유일한 표지가 되어야 한다. 신실하고 이적을 일으키는 분으로서 하나님이 자기 자신을 두 사람에게 은혜롭게 증명해 보이셨던 것처럼 하나님은 우리에게도 역시 그렇게 하실 것이다.

04

Waiting on God _ Part 5

온전한 신앙으로 다시 오실 그리스도를 기다리며

너희는 마치 그 주인이 혼인 집에서 돌아와 문을 두드리면 곧 열어주려고 기다리는 사람과 같이 되라. 누가복음 12:36.

우리 주 예수 그리스도께서 나타나실 때까지 흠도 없고 책망 받을 것도 없이 이 명령을 지키라. 기약이 이르면 하나님이 그의 나타나심을 보이시리니 하나님은 복되시고 유일하신 주권자이시며 만왕의 왕이시며 만주의 주시요. 디모데전서 6:14-15.

너희가 어떻게 우상을 버리고 하나님께로 돌아와서 살아 계시고 참되신 하나님을 섬기는지와 또 죽은 자들 가운데서 다시 살리신 그의 아들이 하늘로부터 강림하실 것을 너희가 어떻게 기다리는지를 말하니. 데살로니가전서 1:9-10.

하늘에 계신 하나님 아버지를 바라는 것과 하늘에서 그분의 아들이 오심을 바라는 것, 하나님은 이 두 가지 일에 모두 동참하셨으며, 지금도 그 일을 행하고 계신다. 일상에서 하나님의 임재와 능력을 경험하기 위하여 오직 하나님만을 바라는 것은 하나님을 바라는 일의 가망성과 기쁨에 대한 참된 전망을 제공한다. 자신의 때에 하늘에서부터 그분의 아들을 계시하실 하나님 아버지는 우리가 오직 그분만을 기다리고 있을 때 그분의 아들을 계시하기 위하여 우리를 준비시키는 그 하나님이시다. 그렇기에 현재 살아가는 삶과 앞으로 다가오는 영광은 하나님과 우리 안에서 불가분 서로 연결되어 있다.

그 두 가지를 서로 분리시키려는 위험성이 항상 도사리고 있다. 오늘날의 기독교에 신실하게 붙어 있기보다 과거나 미래의 기독교에 집착하기가 항상 더 쉽다. 우리가 하나님이 과거에 무슨 일을 행하셨는지, 또는 앞으로 다가오는 때에 무엇을 행하실 것인지 바라볼 때 현재 일에 대한 개인적인 요청과 그분의 일하심에 대한 현재의 순종을 피할 수 있을지도 모른다. 그러나 오직 하나님만을 바라는 것은 그분의 일하심에 대한 영광스러운 완성으로써 오직 그리스도를 기다리는 곳으로 우리를 항상 인도한다. 그리고 오직 그리스도를 바라는 것은 영과 진리 안에서 그 일이 이루어진다는 유일한 증거로서 오직 하나님만을 바라는 사명을 우리에게 항상 상기시켜준다.

우리는 우리에게 임해야 할 하나님보다 지금 우리에게 닥친 일에 더 많은 관심을 집중시킬 위험에 항상 노출되어 있다. 상상력과 이성과 인간의 창의성을 위하여 앞으로 다가올 일에 관한 연구는 지적인 연구에 따른 이해관계와 즐거움만을 취하는 실수를 저지를 수 있는 한계가 있다. 하지만 우리가 겸손히 오직 하나님만을 바라고 기다리는 것은 우리의 실수를 미연에 방지하는 데 도움을 준다.

그리스도의 오심을 기다리고 있다고 말하는 자들은 모두 지금 당장 오직 하나님만을 기다리고 있음을 명심해야 한다. 자신 안에 그분의 아들이 나타나도록 지금 당장 하나님을 바라며 기다리기 위하여 애쓰는 자들은, 모두 다른 사람들이 하늘로부터 그분의 아들이 나타나심을 기다리고 있는 것처럼 자신도 역시 그렇게 해야 한다는 사실을 깨달아야 한다. 그와 같은 영광스러운 나타나심을 소망하는 것은 지금 당신 안에서 하나님이 행하셔야 하는 일을 위하여 오직 하나님을 바라며 기다리는 과정에서 당신을 강하게 만들어줄 것이다. 그러한 영광을 드러내기 위한 전능하신 사랑은 거기에서 당신을 준비시키기 위하여, 심지어 지금도 당신 안에서 일하고 계신다.

"복스러운 소망과 우리의 크신 하나님 구주 예수 그리스도의 영광이 나타나심을 기다리게 하셨으니"(딛 2:13)라는 말씀은 모든 시대에 걸쳐 하나님의 교회에 허락하신 위대한 연대의 끈 가운데 하나이다. "그날에 그가 강림하사 그의 성도들에게서 영광을 받으시고 모든 믿는 자들에게서 놀랍게 여김을 얻으시리니"(살후 1:10). 그때에 우리가 모두 만나게 될 것이며, 그리스도의 몸이 하나 되는 모습이 거룩한 영광 가운데 드러나게 될 것이다. 그것은 만남의 장소와 거룩한 사랑의 승리가 될 것이다.

그리스도는 자신을 받아들여서 하나님 아버지께 자기를 올려드릴 것이다. 그리스도는 하나님을 만나고 말할 수 없는 사랑 가운데서 그와 같은 복된 얼굴을 경배하게 될 것이다. 그리스도 자신이 하나님의 사랑이라는 환희 속에서 서로 만나게 될 것이다. 그러므로 우리는 우리 주님이자 하늘에 계신 신랑을 간절히 기다리며 갈망하며 사랑해야 한다. 그리스도를 향한 부드러운 사랑과 서로를 향한 부드러운 사랑이야말로 참되고 유일한 신부의 영이기 때문이다.

때때로 이것이 너무나 쉽게 잊히지는 않는지 매우 염려스럽다. 한 나라의 왕자는 사랑하는 신부에 대한 참된 표지로서 믿음에 따른 기대감을 품고 있었다. 그러나 왕자와 결혼할 자격조차 없는 신부는 믿음보다는 자신이 받아 누리게 될 지위와 부에 대해서 더 큰 관심을 가지고 있었다. 사랑이 거의 없었다. 하지만 믿음에 따른 기대감은 참된 사랑이 절대적으로 부족하더라도 얼마든지 강해질 수 있다.

우리가 신부의 자리를 제대로 지키고 있는 것은 예언적인 주제들에 가장 많이 몰두할 때가 아니라 겸손함과 사랑 가운데 우리의 주님과 그분을 따르는 사람들에게 착 달라붙어 있을 때이다. 예수님은 그분의 제자들을 사랑하려는 의도가 아니라면 우리의 사랑을 받아들이지 않으신다. 예수님의 오심을 기다린다는 것은 온 몸의 온전한 연합을 향하여 앞으로 다가오는 영광스러운 현현을 잠잠히 기다린다는 뜻인 반면, 우리는 여기서 겸손함과 사랑 안에서 그 연합을 유지하기 위하여 애써야 한다. 가장 사랑하는 사람이야말로 예수님의 오심에 가장 많이 준비되어 있다. 서로를 향한 사랑은 그분의 신부인

교회의 생명이자 아름다움이다.

그렇다면 도대체 어떻게 이런 일이 일어날 수 있을까? 사랑하는 하나님의 자녀들이여! 만약 당신이 하늘에서 내려오시는 하나님의 아들을 적절히 기다리는 법을 배우고 싶다면 지금부터라도 하늘에 계신 하나님을 바라며 기다리는 삶을 살라. 어떻게 예수님이 항상 하나님을 바라며 살아가셨는지 기억하기 바란다. 예수님은 자기 스스로 아무것도 할 수 없었다. 고난을 통하여 그 아들을 온전하게 하신 다음에 그분을 높이 들어 올리신 분은 바로 하나님이셨다. 진정으로 그리스도를 기다리는 자의 깊은 영성생활을 당신에게 허락하실 수 있는 분 역시 오직 하나님뿐이시다.

그리스도를 기다리는 것은 그냥 일어나는 일들을 마냥 기다리는 것과는 전혀 다르다. 후자는 어떤 그리스도인이든 할 수 있지만 전자는 오직 하나님이 성령님을 통하여 날마다 당신 안에서 일하셔야만 가능한 일이다. 그러므로 오직 하나님을 바라는 자들은 모두 하늘로부터 내려오는 성령님 안에서 하늘로부터 임하는 그분의 아들을 기다리는 은혜를 얻기 위하여 하나님을 바라보아야 한다. 그리고 그분의 아들을 바라고 싶어 하는 당신은 당신 안에서 그리스도가 드러나도록 하기 위하여 지속적으로 하나님을 바라야 한다. 오직 하나님만을 바라는 사람들에게 허락하시는 것처럼 우리 안에 성령님이 임재하시는 것은 영광 가운데 나타나실 그리스도를 진정으로 예비하는 것이다.

05 Waiting on God _ Part 5

약속을 성취하기 위해서 성령으로 충만하여

사도와 함께 모이사 그들에게 분부하여 이르시되 예루살렘을 떠나지 말고 내게서 들은 바 아버지께서 약속하신 것을 기다리라. 사도행전 1:4.

시므온과 안나처럼 예수님이 탄생하실 무렵 예루살렘에 살고 있던 성도들에 관하여 이야기하면서, 비록 그 사람들이 기다리고 있었던 구속은 이미 이루어졌을지라도 우리는 오직 하나님만을 바라라는 부르심이 그 시절뿐만 아니라 지금도 얼마나 절실한지 깨닫게 된다. 우리는 그 사람들에게 임했던 것들이 우리 안에 충만히 계시되기를 바라고 있지만 그 사람들이 거의 이해할 수 없었던 것들도 역시 기다리고 있다.

하나님 아버지의 약속을 기다리는 것도 이와 같은 방식이다. 어떤 의미에서 그 성취는 오순절에 임했던 것과 같은 방식으로는 결코 다시는 임할 수 없을 것이다. 또 다른 의미에서, 그리고 최초의 제자들에게 임했던 것과 같은 깊은 실재에서 우리는 우리 안에서 그분의 약속을 성취하시도록 날마다 하나님 아버지를 기다릴 필요가 있다.

성령님은 이 땅에서 하나님 아버지와 확연히 구분되는 그런 인격체가 아니다. 하나님 아버지와 성령님은 서로를 배제하거나 분리되어서는 결코 존재하지 못한다. 하나님 아버지는 항상 성령 안에 계시며, 우리 안에 계신 그와 동일한 성령님 또한 하나님 안에 계신다. 그리고 성령으로 한껏 충만한 사람은 하나님의 약속이 훨씬 더 많이 성취되도록, 또한 우리 안에 내주하시는 성령님이 더욱 강하게 일하시도록 절실하게 하나님을 기다리는 첫 번째 사람이 될 것이다.

우리 안에 계신 성령은 우리 마음대로 사용할 수 있는 어떤 힘이 아니다. 또한 그 성령은 하나님 아버지와 성자 예수 그리스도와 전혀 별개로 움직이는 어떤 권능도 아니다. 그 성령은 우리 안에서 일하시는 하나님 아버지의 실질적이고 살아 있는 임재와 능력이다. 그러므로 성령의 내주하심이 어떤 것인지 충분히 드러내고 경험할 수 있도록 우리는 하나님 아버지를 기다려야 한다. 그리고 우리 안에 성령께서 점점 더 강하고 풍성하게 임하기를 기도해야 한다.

사도들에게 일어난 이와 같은 현상을 주목하기 바란다. 사도들은 오순절에 성령으로 충만하게 되었다. 그로부터 머지않아 사도들에게 말씀을 전하지 말라고 금지시켰던 공의회에서 돌아오는 길에, 예수님의 이름으로 말씀을 전할 수 있도록 담대함을 달라고 사도들이 새로운 마음으로 기도했을 때에 성령의 신선한 임재하심이 있었다. 이것은 그분의 약속을 이루시는 하나님 아버지의 신선한 성취였다.

사마리아에서는 말씀과 성령을 통하여 수많은 사람이 회심하게 되었으며 온 도성이 기쁨으로 충만하게 되었다. 사도들의 기도를 통하여 하나님 아버지는 다시 한번 그 약속을 성취하셨다. "예루살렘에 있는 사도들이 사마리아도 하나님의 말씀을 받았다 함을 듣고 베드로와 요한을 보내매 그들이 내려가서 그들을 위하여 성령 받기를 기도하니 이는 아직 한 사람에게도 성령 내리신 일이 없고 오직 주 예수의 이름으로 세례만 받을 뿐이더라. 이에 두 사도가 그들에게 안수하매 성령을 받는지라"(행 8:14-17).

심지어 고넬료의 집에서 기다리고 있던 무리들에게서도 그런 일이 일어났다. "이제 우리는 주께서 당신에게 명하신 모든 것을 듣고자 하여 다 하나님 앞에 있나이다"(행 10:33). 그리고 사도행전 13장에서도 역시 그런 일이 일어났다. 그것은 성령으로 충만한 사람들이 하나님 아버지께서 그분의 약속을 새롭게 성취하시도록 기도하며 금식했을 때였으며, 성령님의 인도하심이 하늘에서부터 임하였다. "주를 섬겨 금식할 때에 성령이 이르시되 내가 불러 시키는 일을 위하여 바나바와 사울을 따로 세우라"(행 13:2).

이와 마찬가지로 에베소서에서도 우리는 하나님이 조명하심의 영을 부어주심으로써 성령과 함께 봉인되었던 사람들을 위하여 기도하는 바울을 발견하게 된다. 그로부터 계속하여 하나님은 그분에게 있는 영광의 부요함을 따라서 우리 안에 내주하시는 성령님을 통하여 강한 힘으로 각 사람을 강하게 하도록 기도하고 있었다.

오순절에 임하신 성령님은 하나님이 천상에서는 실패함으로써 이 땅으로 내려보낸 어떤 존재가 아니었다. 하나님은 그런 식으로 어떤 것을 내치지 않으신다. 하나님이 은혜나 능력이나 생명을 베푸실 때 그분은 그런 것들이 제대로 효력을 발휘하도록 하기 위하여 자신을 내주심으로써 그렇게 하신다. 그 모든 것은 하나님과 분리될 수 없다. 성령님은 훨씬 더 그렇다. 성령님은 우리 안에서 일하고 계시는 하나님이시다. 그러므로 끊임없는 권능의 일하심을 기대할 수 있는 우리의 참된 위치는, 이미 우리가 소유하고 있는 것들을 찬양하면서 하나님 아버지의 약속이 훨씬 더 강력하게 성취되도록 여전히 쉬지 않고 기다리는 바로 그곳이다.

이것이 바로 우리가 기다리는 삶을 살아갈 때 허락되는 새로운 의미와 약속이다. 이것은 제자들이 보좌 아래 있는 발판에서 기다리던 자리를 떠나지 않았던 것처럼 우리 역시 그 자리를 계속해서 지키도록 가르쳐준다. 이것은 우리에게 제자들도 능력을 받을 때까지는 원수들과 마주치거나 그리스도의 대적들에게 말씀을 전하기에는 너무나 무기력했던 것만큼, 우리 역시 하나님과 예수 그리스도와 더불어 직접적으로 소통할 때라야 비로소 오직 믿음의 삶이나 사랑의 일을 실행하면서 강해질 수 있다는 사실을 상기시켜준다. 이것은 분명히 우리 안에서 성령님의 임재를 유지시켜줄 것이다. 이것은 전능하신 하나님이 영화롭게 하시는 그리스도를 통하여 우리 안에서 능력 가운데 일하심으로써 전혀 예기치 못한 일을, 거의 불가능에 가까운 일을 일으키실 수 있다는 확신을 우리에게 심어준다.

교회의 개별적인 구성원이 오직 하나님만을 기다리는 삶을 살아가는 법을 배울 때, 자아와 세상에 관련된 모든 것을 사랑의 불에 태워 산 제물로 드릴 때, 이미 너무나 영광스럽게 성취되었으나 아직 다하지 않은 하나님의 약속을 한마음으로 기다리기 위하여 연합할 때 온 교회가 얼마나 놀라운 일을 할 수 있겠는가!

이리 와서 우리 각자가 감히 상상하기조차 힘들 정도로 장엄한 전망 아래 잠잠히 머물러 있으라. 하나님 아버지는 교회를 성령으로 충만하게 채우기 원하신다. "그리고 기꺼이 나를 채우기 원하신다." 우리 각자가 이렇게 고백하도록 하자.

이와 같은 믿음을 갖고 그 모든 것을 차분히 살피려고 잠잠한 가운데 기다릴 때 고요함과 거룩한 두려움이 우리의 영혼을 온통 사로잡도록 하라. 그리고 우리 삶이 하나님 아버지의 약속을 훨씬 더 충만하게 성취한다는 소망을 바라보면서 더욱 깊은 기쁨을 맛보도록 하라.

06

Waiting on God _ Part 5

전적인 의존의 영을 끊임없이 바라며

그런즉 너의 하나님께로 돌아와서 인애와 정의를 지키며 항상 너의 하나님을 바랄지니라. 호세아 12:6.

연속성은 생명의 본질적인 요소 가운데 하나이다. 어떤 사람에게 단 한 시간 만이라도 연속성을 중단시켜보라. 그러면 연속성을 잃어버린 사람은 머지않아 숨을 거둘지도 모른다. 끊임없이 중단되지 않는 연속성은 건강한 그리스도인의 삶에도 본질적이다. 하나님은 그분이 나에게 기대하시는 것과 그분께 영광을 돌릴 수 있는 일을 내가 행하기 원하신다. 그리고 하나님은 그렇게 나를 만들어가기 위하여 기다리고 계신다. 그런데 나도 매 순간 그렇게 되기를 원하며, 그렇게 나를 만들어가시는 하나님을 기다리고 있다.

이처럼 오직 하나님만을 기다리는 것이 참된 신앙의 본질이라면 그렇게 전적인 의존의 영을 유지하는 일이 반드시 지속되어야 한다. "항상 너의 하나님을 바랄지니라"는 하나님의 부르심을 받아들이고 순종해야 한다. 비록 특별한 기다림의 시간이 있을 수는 있지만 우리 영혼의 성향과 습관은 한결같은 모습으로 중단 없이 전진해야 한다.

이렇게 지속적으로 기다리는 것은 정말로 꼭 필요한 일이다. 그것은 무기력한 그리스도인의 생활에 만족하는 사람들에게는 훌륭한 그리스도인이 되기 위한 본질적인 것을 넘어서는 사치스러운 행동으로 비칠 수도 있다. 그러나 "주님, 용서받은 성도가 될 수 있는 가장 거룩한 모습으로 저를 만들어주소서! 가능한 한 제가 주님에게 가까이 머물러 있도록 해주소서! 주님이 기꺼이하실 수 있는 만큼 주님의 사랑으로 충만하게 저를 채워주소서!"라는 기도를 하고 있는 모든 사람은 즉각 그것을 반드시 붙잡아야 한다고 느낄 것이다. 그 사람들은 지속적으로 주님을 기다리지 않고서는 하나님과 중단 없는 어떤 교제도, 그리스도 안에서 충만하게 머무는 것도, 죄에 대한 승리와 섬김을 위한 준비태세를 유지하는 것도 불가능하다고 느낄 것이다.

지속적인 기다림은 얼마든지 가능한 일이다. 수많은 사람은 여러 가지 인생의 의무를 생각해본다면 그건 전혀 불가능한 일이라고 생각한다. 하지만 모든 사람이 항상 그것을 생각하는 것은 아니다. 설령 그렇게 바라고 있을지라도 자주 잊어버린다. 사람들은 이것이 마음의 문제이며 마음에 가득 차 있는 것이 마음을 지배한다는 사실을 제대로 이해하지 못한다.

아무리 일에 대한 압박감이 온통 생각을 사로잡고 있을지라도 아버지의 마음은 가족을 향한 뜨거운 사랑으로 언제나 가득 차 있다. 아무리 멀리 떨어져 있어도 아픈 아내나 자녀를 간절히 보고 싶어 할 것이다. 하지만 가족에게 선한 영향력을 끼치는 데 있어서 너무나 전적으로 무기력하다는 사실을 깨달았을 때, 자신의 마음으로 도저히 불가능하다고 생각하는 일을 행하시겠다는 하나님의 약속을 받아들이고 나면 그 뒤로는 하나님이 얼마나 확실하고 진실하게 자신의 마음을 지켜주시는지 터득하게 된다. 그때부터 그 마음은 하나님 안에서 안식하는 법을 배우게 된다. 심지어 다른 것들에 지배당하거나 유혹당하는 도중에도 그의 마음은 오직 하나님만을 지속적으로 기다릴 수 있게 된다.

이 기다림은 약속이다. 하나님의 교훈은 법이다. 복음의 교훈은 모두 약속이며, 우리 하나님이 우리에게 행하실 것들에 대한 계시이다. 당신이 가장 우선적으로 오직 하나님만을 기다리는 일을 시작했을 때 그 과정에는 중단과 실패가 자주 반복되었을 것이다. 그러나 하나님이 사랑 안에서 당신을 주목하고 계시며, 그러는 가운데 은밀하게 당신을 강하게 만들고 계신다.

오직 하나님만을 기다리는 것이 단지 시간 낭비처럼 보일 때가 자주 있을 테지만, 그건 그렇지가 않다. 심지어 깜깜한 어둠 속에서도 오직 하나님만을 기다리고 있다는 사실 자체만으로도 무의식중에 전진하고 있는 것이다. 왜냐하면 당신이 관계를 맺고 있는 분은 바로 하나님이시며, 그 하나님이 당신 안에서 계속해서 일하고 계시기 때문이다.

당신에게 오직 그분만을 기다리도록 부르신 하나님은 당신의 힘겨운 노력에 주목하시면서 당신 안에서 그런 일이 이루어지도록 끊임없이 일하고 계신다. 당신의 영성생활은 자기 자신의 노력에는 아무런 중요성을 두지 않는다. 자그맣게 시작할수록 그 일을 계속할 수 있게 될 것이다. 당신 안에서 오직 하나님만을 기다리는 일을 시작하신 분은 하나님의 성령이시다. 성령님은 당신이 계속해서 기다릴 수 있도록 도우실 것이다. 지속적으로 기다리는 것은 하나님이 지속적으로 일하심으로 말미암아 결국에는 이루어지며 그에 따른 보상을 얻게 될 것이다.

우리는 지금까지 논의한 교훈들의 종착지에 점점 가까이 다가가고 있다. 지금까지 당신과 내가 오직 한 가지를 배울 수 있었기를 바란다. 곧 하나님은 지속적으로 일하셔야 하고, 또 그렇게 일하실 것이다. 하나님은 항상 지속적으로 일하시지만 그에 대한 경험은 불신앙으로 말미암아 방해를 받는다. 그러나 그분의 성령을 통하여 당신이 지속적으로 기다리도록 가르치시는 하나님은, 또한 영존하시는 분으로서 하나님의 일이 절대로 멈추지 않고서 이루어지는지 경험하도록 당신을 인도하실 것이다. 하나님의 사랑과 생명과 일하심 안에는 아무런 중단이나 방해도 있을 수 없다.

우리가 기대할 수 있는 것에 대한 당신의 생각으로 말미암아 하나님을 제한하지 않도록 주의하라. 이 한 가지 진리에 당신의 눈을 고정시키라. 곧 하나님은 본질상 생명을 나눠주시는 유일한 분으로서 매 순간 그분의 자녀들 안에서 일하시는 것 이외에 다른 어떤 것도 하실 수 없다는 사실 말이다.

그리고 단지 어느 한 면만 보지 않도록 주의하라. “내가 지속적으로 기다리면 하나님이 지속적으로 일하실 것이다.” 그것이 아니다. 다른 면도 보도록 하라. 하나님을 가장 우선순위에 두고 이렇게 고백하도록 하라. “하나님은 지속적으로 일하신다. 그러므로 나도 매 순간 하나님을 지속적으로 기다릴 수 있다.”

단 한순간의 중단도 없이 당신의 하나님이 지속적으로 일하신다는 이상이 당신의 전 존재를 가득 채울 때까지 충분한 시간을 갖도록 하라. 그러면 당신이 지속적으로 기다리는 것은 저절로 이루어질 것이다. 신뢰와 기쁨으로 충만하여 우리 영혼의 거룩한 습관으로 자리 잡게 될 것이다. “내가 종일 주를 기다리나이다”(시 25:5). 성령님은 당신이 언제나 지속적으로 기다릴 수 있도록 지켜주실 것이다.

07 Waiting on God _ Part 5

일생에 흔들림 없이 오직 하나님만을 바라며

나의 영혼아 잠잠히 하나님만 바라라. 무릇 나의 소망이 그로부터 나오는도다. 오직 그만이 나의 반석이시요 나의 구원이시요 나의 요새이시니 내가 흔들리지 아니하리로다. 시편 62:5-6.

단지 하나님만을 바라는 것뿐만 아니라 하나님을 지속적으로 기다리는 것도 충분히 가능한 일이다. 기대되었던 축복을 방해하고 가로막는 다른 은밀한 확신들이 우리 안에 자리 잡고 있을 수도 있다. 그러니까 '오직'이라는 말은 축복의 충만함과 확실성으로 나아가는 길에 그 빛을 던져주어야 한다. "오직 그만이 나의 반석이시요 나의 구원이시요 나의 요새이시니 내가 흔들리지 아니하리로다"(시 62:6).

그렇다. "나의 영혼아 잠잠히 하나님만 바라라." 우리 마음의 생명과 행복을 위해서는 단 하나의 유일한 원천, 곧 유일하신 한 분 하나님만이 계실 뿐이다. 오직 하나님만이 나의 반석이시니 내 영혼이 잠잠히 오직 하나님만 바라야 한다.

우리는 선한 것을 바라고 있다. "선한 이는 오직 한 분이시니라"(마 19:17). 그러니까 하나님으로부터 직접 받은 것을 제외하고는 어디에서도 선한 것이 없다. 또한 우리는 지금까지 거룩해지려고 노력해왔다. "여호와와 같이 거룩하신 이가 없으시니 이는 주밖에 다른 이가 없고 우리 하나님 같은 반석도 없으심이니이다"(삼상 2:2). 그러므로 매 순간 거룩하신 하나님의 성령을 통하여 하나님이 우리 안에 불어넣으신 것을 제외하고는 다른 어떤 것에도 거룩함이 존재하지 않는다.

우리는 하나님과 그의 나라를 위하여, 뭇 사람과 다른 사람들의 구원을 위하여 살아가고 일하기를 소망한다. 여기서 하나님이 어떻게 말씀하시는지 잘 들어보라. "너는 알지 못하였느냐. 듣지 못하였느냐. 영원하신 하나님 여호와, 땅끝까지 창조하신 이는 피곤하지 않으시며 곤비하지 않으시며 명철이 한이 없으시며 피곤한 자에게는 능력을 주시며 무능한 자에게는 힘을 더하시나니 소년이라도 피곤하며 곤비하며 장정이라도 넘어지며 쓰러지되 오직 여호와를 앙망하는 자는 새 힘을 얻으리니 독수리가 날개 치며 올라감 같을 것이요 달음박질하여도 곤비하지 아니하겠고 걸어가도 피곤하지 아니하리로다"(사 40:28-31). 오직 그분만이 하나님이시며, 우리의 반석이시다.

"나의 영혼아 잠잠히 하나님만 바라라." 우리는 이 일을 위하여 우리를 도와줄 수 있는 그 무엇인가를 그다지 발견하지 못할 것이다. 겨우 우리 형제나 교회, 교리나 각종 제도, 인간적인 계획과 각종 은혜와 신적인 약속을 마치 수단처럼 신뢰하도록 인도하는 정도뿐일 것이다. 그러나 아무리 거룩한 하나님의 약속일지라도 지나치게 신뢰할 경우에는 덫으로 변할 수 있다. 놋뱀은 느후스단으로 변했다(왕하 18:4). 방주와 성전은 헛된 확신으로 변했다. 그러므로 우리는 오직 살아계신 하나님만, 다른 어떤 것도 아닌 오직 그 하나님만이 우리의 소망이 되게 해야 한다.

눈과 손과 발, 마음과 생각은 이 세상의 삶에서 요구하는 온갖 임무에 골몰하느라 여념이 없을지도 모른다. 그러나 우리는 단지 이 세상뿐만 아니라 영원과 하나님을 위하여 창조된 불멸의 영이다. 우리는 우리 운명을 올바로 인식하고 깨달아서 특권인 오직 하나님만 바라야 한다. 영적인 생각과 훈련에 대한 관심이 우리를 속이지 않도록 주의하면서 말이다. 왜냐하면 그것들은 자주 오직 하나님만을 바라는 자리를 대신 차지하기 때문이다.

그렇다. 우리는 두 가지 거대한 원수들, 곧 세상과 자아를 올바로 인식해야 한다. 아무리 그것이 순진해 보일지라도 이 땅에서 만족이나 즐거움을 허락하는 것이 무엇이든지 우리로 하여금 "그런즉 내가 하나님의 제단에 나아가 나의 큰 기쁨의 하나님께 이르리이다. 하나님이여 나의 하나님이여 내가 수금으로 주를 찬양하리이다"(시 43:4)라고 고백하지 못하도록 만들지는 않는지 생각하며 우리는 깨어 있어야 한다.

예수님이 자기를 부인하는 것에 대하여 무엇이라고 말씀하셨는지 기억하는가? "누구든지 나를 따라오려거든 자기를 부인하고 자기 십자가를 지고 나를 따를 것이니라"(마 16:24). 이와 관련해서 독일의 경건주의 신학자이자 찬송가 작가인 게하르트 테르스티겐은 이렇게 말했다. "성도들은 모든 것에서 자기 자신을 부인해야 한다." 그렇다. 우리는 전적으로 모든 것에서 자기를 부인해야 한다. 그렇지 않으면 아주 사소한 일에서 자아를 기쁘게 하는 것이 아주 커다란 일에서 자아를 주장하도록 강화시킬 수 있기 때문이다.

그러므로 오직 하나님만이 우리의 모든 구원이시요 우리의 모든 소망이 되어야 한다. 그러면서 우리는 지속적으로 전심으로 이렇게 고백해야 한다. "나의 영혼이 잠잠히 하나님만 바람이여 나의 구원이 그에게서 나오는도다. 오직 그만이 나의 반석이시요 나의 구원이시요 나의 요새이시니 내가 크게 흔들리지 아니하리로다"(시 62:1-2). 우리 영의 필요나 일시적인 필요가 무엇이든지 간에, 우리 마음의 소원이나 기도가 무엇이든지 간에, 교회나 세상에서 하나님의 일과 관련하여 우리 관심이 무엇이든지 간에, 고독한 상태이든 세상이 돌진해 오든, 공적인 예배 중이든, 성도들의 다른 집회 중이든 간에 우리는 오직 잠잠히 하나님만 바라야 한다.

"나의 영혼아 잠잠히 하나님만 바라라." 이 복된 바람과 기다림이 의존하는 두 가지 근본적인 진리를 우리는 결코 잊어서는 안 된다. 만약 우리에게 이처럼 "오직 하나님만을 바라는 것"이 너무 어렵다거나 너무 이상적이라고 생각하는 경향이 있다면 그 진리가 우리를 즉시 되돌아오게 만들 것이다. 그 진리는 바로 우리의 절대적인 무기력함과 우리 하나님의 절대적인 충분함이다.

그러므로 우리는 자아와 관련된 모든 것이 완전한 죄성 속으로 깊숙이 들어가 단 한순간이라도 자아로 하여금 무엇인가를 말하도록 해서는 안 된다. 그리고 우리의 철저하고도 멈추지 않는 무능력함 속으로 깊숙이 들어가 우리 안에 도사리고 있는 악한 것들을 변화시키거나 영적으로 선한 어떤 일이 일어나도록 행해야 한다. 오직 하나님만을 의존하는 관계 속으로 깊숙이 들어가 매 순간 하나님이 허락하시는 것들을 그분에게 받아 누려야 한다.

지금까지 우리가 잃어버린 것보다 훨씬 더 영광스러운 것으로 회복시켜주시겠다는 하나님의 약속을 가지고, 구속에 관한 하나님의 언약 속으로 훨씬 더 깊숙이 들어가야 한다. 그러면 하나님의 아들과 성령님을 통하여, 하나님이 그분의 구체적이고 신성한 임재와 권능을 우리에게 끊임없이 허락하실 것이다. 그러니까 지속적으로 오직 하나님만을 바라야 한다.

하나님 아버지와 아들 예수 그리스도의 이와 같은 신비한 영광이 얼마나 부요한 것인지 어떤 말로도 쉽게 설명할 수 없으며, 어떤 마음으로도 제대로 다 상상할 수 없다. 무한하신 부드러움과 전능하심으로 그분의 사랑을 베풀기 원하시는 우리 하나님은 우리의 생명과 기쁨이 되기 위하여 기다리고 계신다. 오, 내 영혼아! 내가 이제 더는 "오직 하나님만 바라라"는 말을 되풀이할 필요가 없는 수준까지 나아가라. 오히려 내 안에 있는 모든 것이 일어나 이렇게 노래하도록 하라. "주는 내 구원의 하나님이시니 내가 종일 주를 기다리나이다"(시 25:5). 아멘.

■ 나의 신앙 고백 1

이 책을 읽고 당신이 가장 도전받은 내용은 무엇입니까?
그 도전받은 것을 나의 신앙생활에 어떻게 적용할 수 있을까요?

■ 나의 신앙 고백 2

이 책을 읽고 당신이 가장 도전받은 내용은 무엇입니까?
그 도전받은 것을 나의 신앙생활에 어떻게 적용할 수 있을까요?

■ 나의 신앙 고백 3

이 책을 읽고 당신이 가장 도전받은 내용은 무엇입니까?
그 도전받은 것을 나의 신앙생활에 어떻게 적용할 수 있을까요?

■ 나의 신앙 고백 4

이 책을 읽고 당신이 가장 도전받은 내용은 무엇입니까?
그 도전받은 것을 나의 신앙생활에 어떻게 적용할 수 있을까요?